Jasmin Hipp

Abraham und Sara

Eine Lernwerkstatt für Klasse 2–3

WERKSTATTLERNEN
RELIGION

Impressum

Copyright © 2013 Lernbiene Verlag GmbH
1. Auflage 2013
ISBN 978-3-86998-651-7

Die Nutzung und Verwertung der Materialien ist nur im Rahmen der vertraglich eingeräumten Rechte zulässig.

Titel:	Abraham und Sara
Inhalt:	Jasmin Hipp
Illustration:	Tina Gruschwitz, Anja Freudiger, Tina Theel
Verlag:	Lernbiene Verlag GmbH
	Zarlachstraße 4
	82442 Saulgrub
	Tel.: 08845-757252
	Fax: 08845-757253
	http://www.lernbiene.de

Inhalt

Erläuterungen 4
Laufzettel 7
Auftragskarten 8

Stationen

Station 1 – Das Nomadenmädchen Lea 18
Station 2 a – Leas Familie 19
Station 2 b – Leas Familie – meine Familie 20
Station 3 a – Ein Tag bei den Nomaden 22
Station 3 b – Leas Tag – mein Tag 24
Station 4 a – Essen in der Nomadenfamilie 27
Station 4 b – Wir legen ein Mandala 28
Station 5 – Gott spricht zu Abraham 29
Station 6 – Die Entscheidung 30
Station 7 – Mut-mach-Sätze 32
Station 8 – Freunde vertrauen einander 33
Station 9 – Leas Reisetagebuch 35
Station 10 – So schön ist Kanaan 36
Station 11 – Streit unter den Hirten 38
Station 12 – Zweifel an Gott 40
Station 13 – Gott spricht erneut zu Abraham 41
Station 14 – Sterne am Himmel 42
Station 15 – Besuch der Engel 43
Station 16 – Gott erfüllt sein Versprechen 44
Station 17 – Gott in meinem Leben 45
Station 18 – Isaaks Geburtsfest 46
Station 19 a – Namensdeutung 50
Station 19 b – Was mein Name bedeutet 51
Station 20 – Gitterrätsel 52

Lösungen

Lösung Station 1 – Das Nomadenmädchen Lea 53
Lösung Station 2 a – Leas Familie 54
Lösung Station 2 b – Leas Familie – meine Familie (1) 55
Lösung Station 3 b – Leas Tag – mein Tag 56
Lösung Station 4 a – Essen in der Nomadenfamilie 59
Lösung Station 5 – Gott spricht zu Abraham 60
Lösung Station 6 – Die Entscheidung (1) 61
Lösung Station 9 – Leas Reisetagebuch 62
Lösung Station 11 – Streit unter den Hirten (2) 63
Lösung Station 13 – Gott spricht erneut zu Abraham 64
Lösung Station 16 – Gott erfüllt sein Versprechen 65
Lösung Station 19 a – Namensdeutung 66
Lösung Station 20 – Gitterrätsel 67

Abraham und Sara
von Jasmin Hipp
mit Illustrationen von Tina Gruschwitz

Bedeutung der Geschichte für die Lebenswelt der Kinder

Abraham und Sara sind schon alt, als Gott ihnen mitteilt, dass sie sich auf eine lange Reise begeben sollen und Sara ein Kind bekommen wird. Im Vertrauen auf Gott und die Mitmenschen gelingt schließlich die Reise und Isaak wird geboren.

Die biblische Erzählung von Abraham und Sara gehört zu den beliebtesten Inhalten des Alten Testaments für Schule und Gemeindearbeit. Das ist nicht weiter verwunderlich, denn die Geschichte erzählt zum einen vom Vertrauen in Mitmenschen – nur gemeinsam schaffen Abraham, Sara und ihre Begleiter die lange Reise – und zum anderen vom Vertrauen in Gottes Führung. Damit vereint sie zwei wichtige Leitgedanken des Religionsunterrichts an Schulen.

Der Religionsunterricht soll einen Raum schaffen, in dem die Schüler Sicherheit empfinden, Vertrauen entwickeln und sich auf dieser Basis ersten Herausforderungen und Entscheidungen des Lebens stellen.

Gerade in unserer schnelllebigen und sich ständig verändernden Gesellschaft ist die Vermittlung von Vertrauen und Geborgenheit für Kinder unerlässlich. In der biblischen Geschichte von Abraham und Sara wird darüber hinaus dazu ermutigt, „etwas zu wagen", sich zu trauen, im Vertrauen auf die Mitmenschen und Gott Entscheidungen zu treffen und damit vielleicht auch aus dem Rahmen zu fallen.

Vertrauen in die Mitmenschen und in Gott – Umsetzung in der Lernwerkstatt

Die Lernwerkstatt ist für Schüler der Klassenstufen 2–3 an der Grundschule und 4–6 an der Förderschule mit Schwerpunkt Lernen konzipiert worden. Ganz bewusst greift sie beide Aspekte der biblischen Erzählung auf.
So überlegen sich die Schüler beispielsweise in Station 15, welche Menschen Gott ihnen gesendet haben könnte, um ihnen in schwierigen Situationen Unterstützung zu geben.

Station 8 fordert die Kinder dazu auf, sich in Partnerarbeit Gedanken darüber zu machen, welche Charaktereigenschaften ihnen bei Freunden besonders wichtig sind und setzt damit unmittelbar an der Lebenswirklichkeit der Kinder an.

Ein durch die Arbeitsaufträge angeleitetes Hineindenken in die Figuren der biblischen Geschichte und die Identifikationsfigur,

das Nomadenmädchen Lea, fördern die Empathiefähigkeit und machen diese Werkstatt lebendig.

Kreative Aufgaben, wie das Auslegen einer Mandalavorlage mit Samen und Körnern in Station 4 b oder das Verfassen eines Mut-mach-Satzes für einen Mitschüler in Station 7 sowie Aufgabenstellungen mit Bewegungsimpulsen, wie beispielsweise das Führen eines Mitschülers mit geschlossenen Augen, runden die Werkstatt ab.

Der Aufbau der Lernwerkstatt

Das Nomadenmädchen Lea führt die Kinder als Identifikationsfigur durch alle Stationen der Werkstatt.
In den Stationen 1–4 liegt der Schwerpunkt auf dem Kennenlernen des Nomadenlebens und der biblischen Figuren. Hierbei können die Schüler wählen, in welcher Reihenfolge sie die Stationen bearbeiten möchten.
Die Stationen 5–19 thematisieren die biblische Erzählung in chronologischer Reihenfolge und sollten daher nacheinander bearbeitet werden. Auf dem Laufzettel für die Schüler ist dies durch einen Pfeil bzw. einen Stern gekennzeichnet. Mit Station 20 haben Sie im Rahmen eines offenen Gitterrätsels die Möglichkeit zu sehen, wie vertraut den Schülern die zentralen Begriffe der Erzählung sind.

Bei mehrteiligen Stationen sind die einzelnen inhaltlichen Abschnitte mit a und b gekennzeichnet, z. B. Station 2 a. Bei mehrseitigen Stationen sind die einzelnen Seiten einer Station mit (1), (2) usw. gekennzeichnet, z. B. Station 11 (1) für die erste Seite der Station 11.

Die Auftragskarten

Pro Station finden Sie eine Auftragskarte mit Arbeitsanweisungen. Um die Auftragskarte gut sichtbar für die Schüler zu platzieren, bietet sich die Nutzung von Briefablagen an. Sie können die Auftragskarte auf einen Tonkarton kleben, diesen zweimal einschneiden und auf das Ende der Briefablage stecken. Damit wird die Werkstatt zu einem Blickfang in Ihrem Klassenraum.

Lösungen zu den Aufgaben

Lösungen, die für die Schüler als Möglichkeit zur Selbstkontrolle genutzt werden können, liegen für folgende Stationen vor:

Station 1 – Das Nomadenmädchen Lea
Station 2 a – Leas Familie
Station 2 b – Leas Familie – meine Familie (AB 1)
Station 3 b – Leas Tag – mein Tag
Station 4 a – Essen in der Nomadenfamilie
Station 5 – Gott spricht zu Abraham
Station 6 – Die Entscheidung (AB 1)
Station 9 – Leas Reisetagebuch

Station 11 – Streit unter den Hirten (AB 2)
Station 13 – Gott spricht erneut zu Abraham
Station 16 – Gott erfüllt sein Versprechen
Station 19 a – Namensdeutung
Station 20 – Gitterrätsel

Tipps zur Vorbereitung

Station 3 b: Leas Tag – mein Tag
Das Arbeitsblatt sollte etwa in 2,5-facher Klassenstärke bereitgestellt werden, da einige Schüler mehr Aktivitäten unterzubringen haben als Lea.

Station 4 b: Wir legen ein Mandala
Für das Bekleben der Mandalavorlage eignen sich vielfältige trockene Samen und Körner. Je nach Interesse und Fähigkeit können die Schüler zwischen größeren und feineren Körnern wählen. Die Mandalavorlage sollte auf festeren Karton kopiert werden, um ein Durchweichen des Klebestoffes zu vermeiden. Als Klebstoff empfiehlt sich Flüssigkleber.

Station 10: So schön ist Kanaan
Legen Sie den Bildbogen eventuell in DIN A3 für Ihre Schüler bereit. So haben sie mehr Platz zum kreativen Gestalten.

Station 11: Streit unter den Hirten
Sie könnten als Hilfe zur Entschlüsselung auf Arbeitsblatt 2 eine Tabelle mit der Buchstaben-Zahl-Zuordnung für leistungsschwächere Schüler und als Möglichkeit zur Selbstkontrolle bereitstellen.

Station 14: Sterne am Himmel
Diese Materialien werden benötigt:
- Malunterlagen oder Zeitungspapier
- fester gelber Tonkarton
- Flüssigkleber
- Glitzerpulver in Gold oder Gelb
- dunkelblaues Plakat, auf das die Schüler ihre Glitzersterne kleben

Das entstandene Plakat kann gut als ein Stundeneinstieg oder -abschluss genutzt werden!

Station 18: Isaaks Geburtsfest
Diese Materialien werden benötigt:
- 3 verschiedenfarbige Spielfiguren pro Spielset
- 1 Würfel pro Spielset
- 1 vergrößerter, evtl. laminierter Spielplan pro Spielset
- 1 Spielerklärung pro Spielset
- 24 Ereigniskarten, evtl. auf farbigem Papier gedruckt und laminiert

Station 19 a: Namensdeutung
Legen Sie zum Nachschlagen der Namensbedeutungen einige Vornamenlexika bereit.

Wir wünschen Ihnen viel Freude und Erfolg beim Einsatz der Werkstatt!

Laufzettel

Name: _____

Station	☆	✓	Unterschrift
Station 1: Das Nomadenmädchen Lea	☆		
Station 2 a: Leas Familie	☆		
Station 2 b: Leas Familie – meine Familie	☆		
Station 3 a: Ein Tag bei den Nomaden	☆		
Station 3 b: Leas Tag – mein Tag	☆		
Station 4 a: Essen in der Nomadenfamilie	☆		
Station 4 b: Wir legen ein Mandala	☆		
Station 5: Gott spricht zu Abraham	↓		
Station 6: Die Entscheidung	↓		
Station 7: Mut-mach-Sätze	↓		
Station 8: Freunde vertrauen einander	↓		
Station 9: Leas Reisetagebuch	↓		
Station 10: So schön ist Kanaan	↓		
Station 11: Streit unter den Hirten	↓		
Station 12: Zweifel an Gott	↓		
Station 13: Gott spricht erneut zu Abraham	↓		
Station 14: Sterne am Himmel	↓		
Station 15: Besuch der Engel	↓		
Station 16: Gott erfüllt sein Versprechen	↓		
Station 17: Gott in meinem Leben	↓		
Station 18: Isaaks Geburtstagsfest	↓		
Station 19 a: Namensdeutung	↓		
Station 19 b: Was mein Name bedeutet	↓		
Station 20: Gitterrätsel	↓		

↓ Beginne bei Station 5 und bearbeite der Reihenfolge nach.   ☆ Wähle aus.

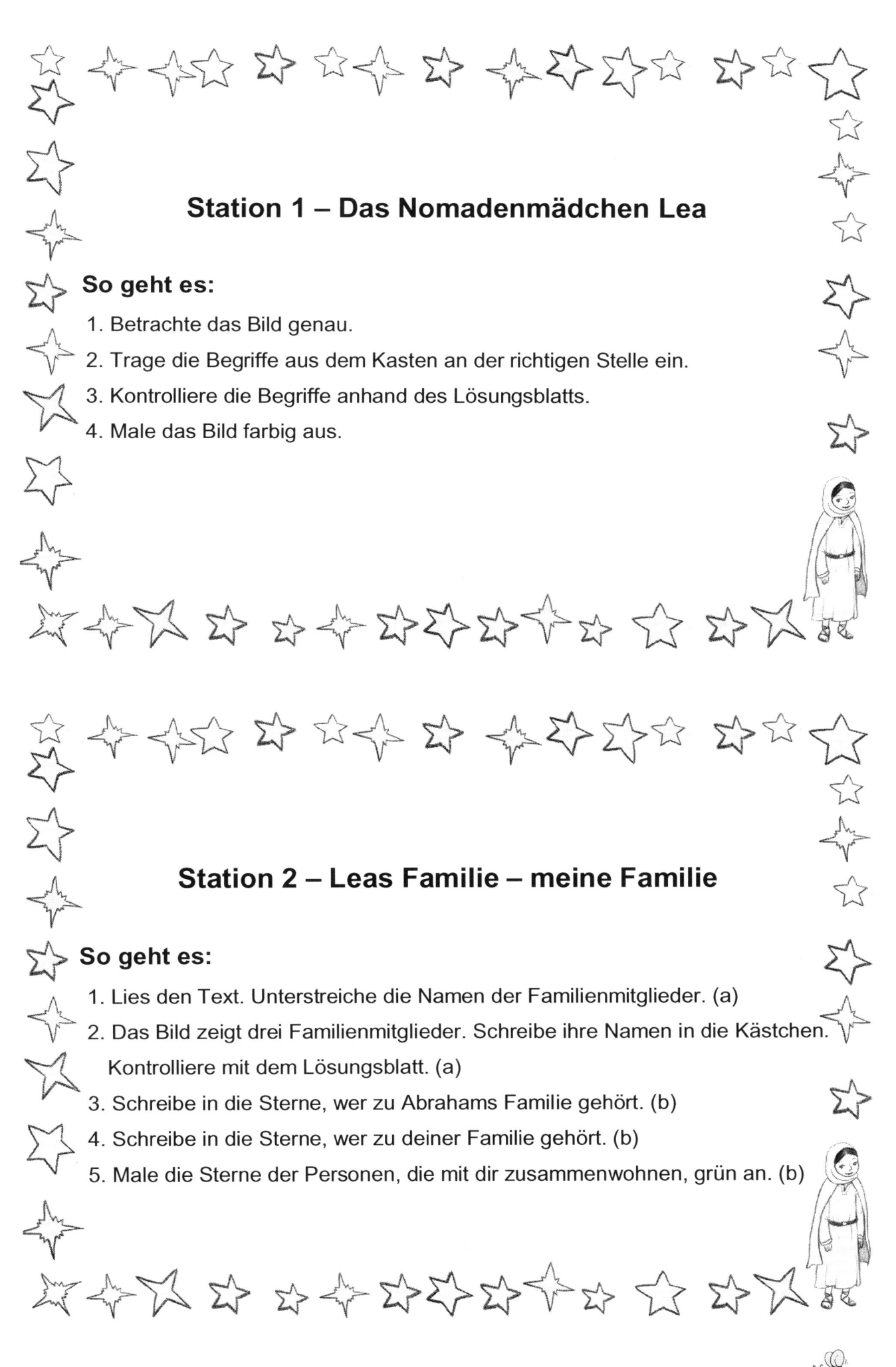

Station 1 – Das Nomadenmädchen Lea

So geht es:

1. Betrachte das Bild genau.
2. Trage die Begriffe aus dem Kasten an der richtigen Stelle ein.
3. Kontrolliere die Begriffe anhand des Lösungsblatts.
4. Male das Bild farbig aus.

Station 2 – Leas Familie – meine Familie

So geht es:

1. Lies den Text. Unterstreiche die Namen der Familienmitglieder. (a)
2. Das Bild zeigt drei Familienmitglieder. Schreibe ihre Namen in die Kästchen. Kontrolliere mit dem Lösungsblatt. (a)
3. Schreibe in die Sterne, wer zu Abrahams Familie gehört. (b)
4. Schreibe in die Sterne, wer zu deiner Familie gehört. (b)
5. Male die Sterne der Personen, die mit dir zusammenwohnen, grün an. (b)

Station 3 – Ein Tag bei den Nomaden

So geht es:

1. Schneide die Kärtchen aus und bringe Leas Tagesablauf in die richtige Reihenfolge. Kontrolliere mit dem Lösungsblatt. (a)
2. Klebe die geordneten Kärtchen in die linke Spalte. (b)
3. Male deinen eigenen Tagesablauf in die rechte Spalte. (b)
4. Füge deinem Tagesablauf die Uhrzeit hinzu und schreibe zu jedem Bild einen Satz. (b)
5. Suche dir einen Partner. Überlegt gemeinsam, worin sich euer Tagesablauf von Leas unterscheidet. Notiert im Heft. (b)

Station 4 – Essen in der Nomadenfamilie

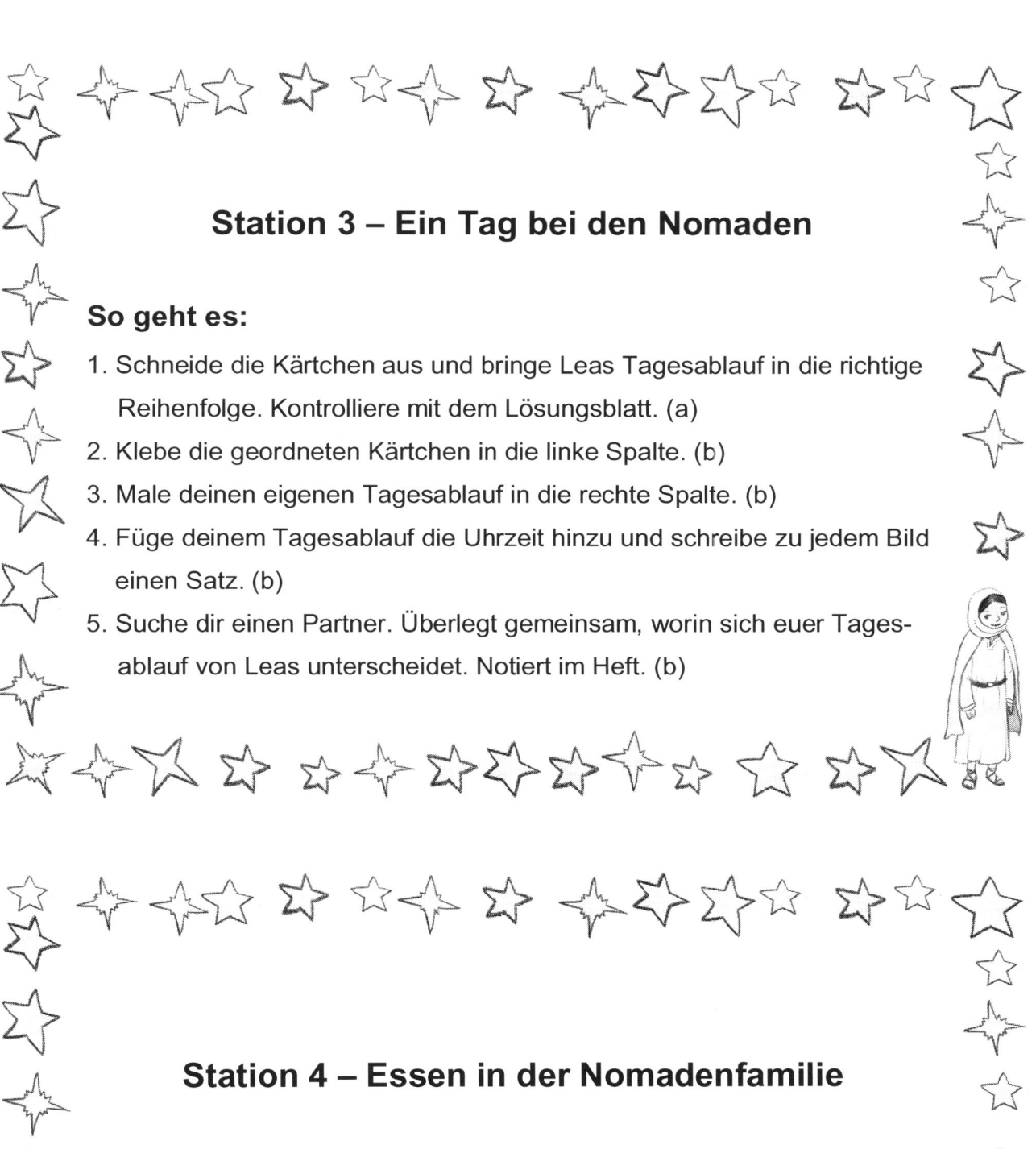

So geht es:

1. Suche dir einen Partner. Lest gemeinsam den Text. (a)
2. Unterstreiche Leas Aufgabe in der Familie grün. Kontrolliere mit dem Lösungsblatt. (a)
3. Beantworte die Fragen auf dem Stationsblatt. (a)
4. Beklebe die Mandala-Vorlage mit Samen und Körnern. (b)
5. Schreibe in dein Heft, welche Körner und Samen du verwendet hast. (b)

Station 5 – Gott spricht zu Abraham

So geht es:

1. Die Wörter in den Sternen sind durcheinandergeraten. Bilde daraus für jeden Stern einen Satz und schreibe ihn in die Pergamentrolle.
2. Welcher Sternensatz gefällt dir am besten? Male den Stern gelb aus.
3. In der Pergamentrolle steht, was Gott zu Abraham gesagt hat. Lies den Text und überlege, was Abraham tun wird. Schreibe es auf.

Station 6 – Die Entscheidung

So geht es:

1. Verbinde Bilder und Wörter wie im Beispiel mit Pfeilen. (1)
2. Schreibe die Buchstaben in den Sternen zu den passenden Zahlen im Lösungswort. Tipp: Die Zahlen stehen bei den Bildern. (1)
3. Lies das Lösungswort und erfahre, zu welchem Thema dir Lea etwas erzählen will.
4. Lies den Bildertext und unterstreiche Saras Fragen blau. (2)
5. Beantworte im Heft: Was verspricht Gott Abraham? (2)

Station 7 – Mut-mach-Sätze

So geht es:

1. Lies den Einleitungstext. Diskutiere mit einem Partner, wie sich Sara und Abraham nach der Entscheidung fühlen könnten.

2. Lies Saras Mut-mach-Satz. Überlege, in welchen Situationen ein Mut-mach-Satz helfen kann. Schreibe drei Situationen in dein Heft.

3. Erfinde einen Mut-mach-Satz für einen Mitschüler. Schreibe ihn in den Krug. Male den Krug dann bunt aus und schenke ihn dem Mitschüler, sodass er/sie sich immer Mut einschenken kann.

Station 8 – Freunde vertrauen einander

So geht es:

1. Lies, welche Eigenschaften Freunde haben können. Schreibe drei weitere Eigenschaften in die drei freien Kästchen (1).

2. Schneide die Kärtchen aus (1) und ordne sie in die Tabelle (2) ein.

3. Suche dir einen Partner. Vergleicht eure Tabellen. Nennt Gemeinsamkeiten und Unterschiede. (2)

4. Macht die Vertrauensübung und vervollständigt den letzten Satz auf dem Stationsblatt (2).

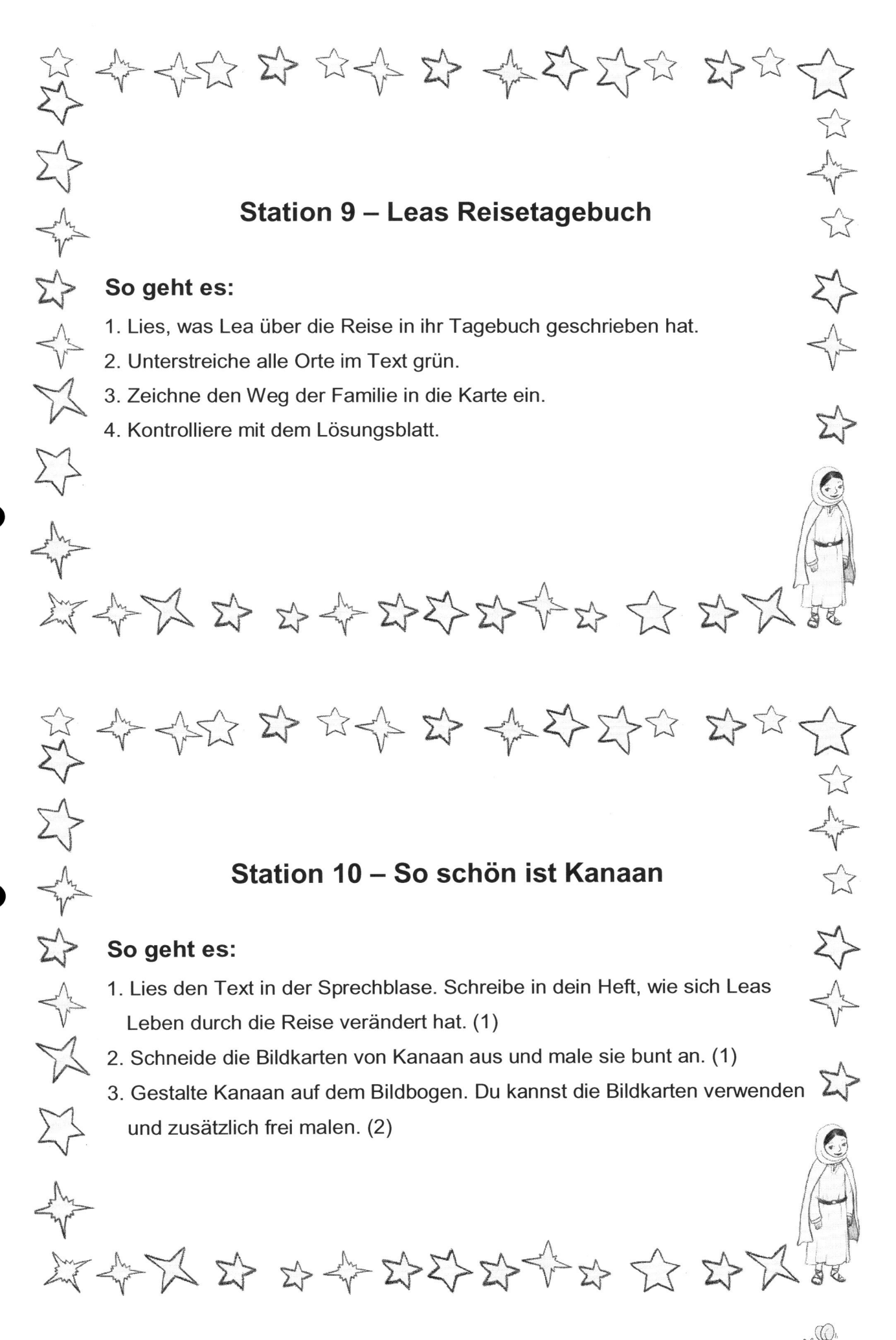

Station 9 – Leas Reisetagebuch

So geht es:

1. Lies, was Lea über die Reise in ihr Tagebuch geschrieben hat.
2. Unterstreiche alle Orte im Text grün.
3. Zeichne den Weg der Familie in die Karte ein.
4. Kontrolliere mit dem Lösungsblatt.

Station 10 – So schön ist Kanaan

So geht es:

1. Lies den Text in der Sprechblase. Schreibe in dein Heft, wie sich Leas Leben durch die Reise verändert hat. (1)
2. Schneide die Bildkarten von Kanaan aus und male sie bunt an. (1)
3. Gestalte Kanaan auf dem Bildbogen. Du kannst die Bildkarten verwenden und zusätzlich frei malen. (2)

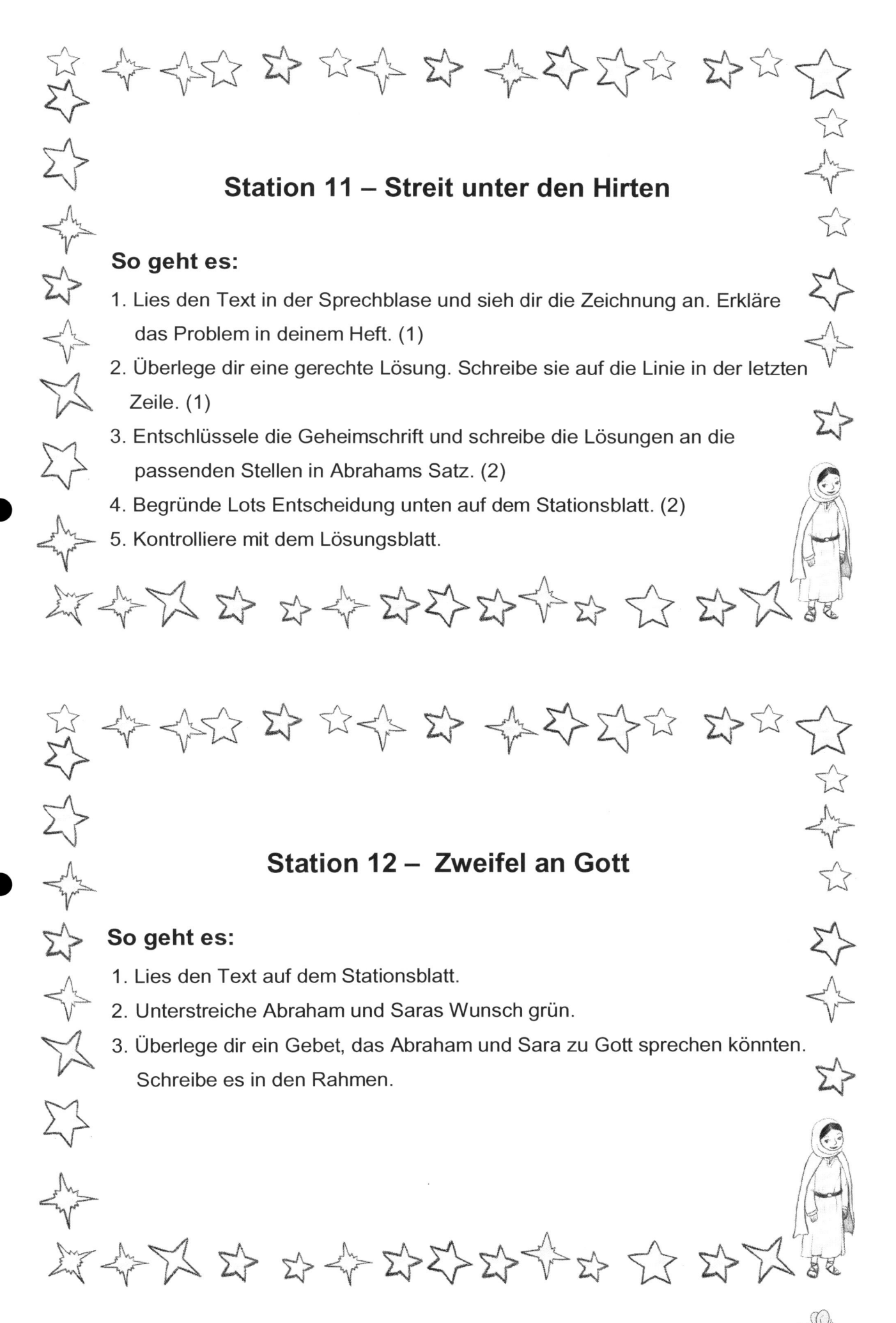

Station 11 – Streit unter den Hirten

So geht es:

1. Lies den Text in der Sprechblase und sieh dir die Zeichnung an. Erkläre das Problem in deinem Heft. (1)
2. Überlege dir eine gerechte Lösung. Schreibe sie auf die Linie in der letzten Zeile. (1)
3. Entschlüssele die Geheimschrift und schreibe die Lösungen an die passenden Stellen in Abrahams Satz. (2)
4. Begründe Lots Entscheidung unten auf dem Stationsblatt. (2)
5. Kontrolliere mit dem Lösungsblatt.

Station 12 – Zweifel an Gott

So geht es:

1. Lies den Text auf dem Stationsblatt.
2. Unterstreiche Abraham und Saras Wunsch grün.
3. Überlege dir ein Gebet, das Abraham und Sara zu Gott sprechen könnten. Schreibe es in den Rahmen.

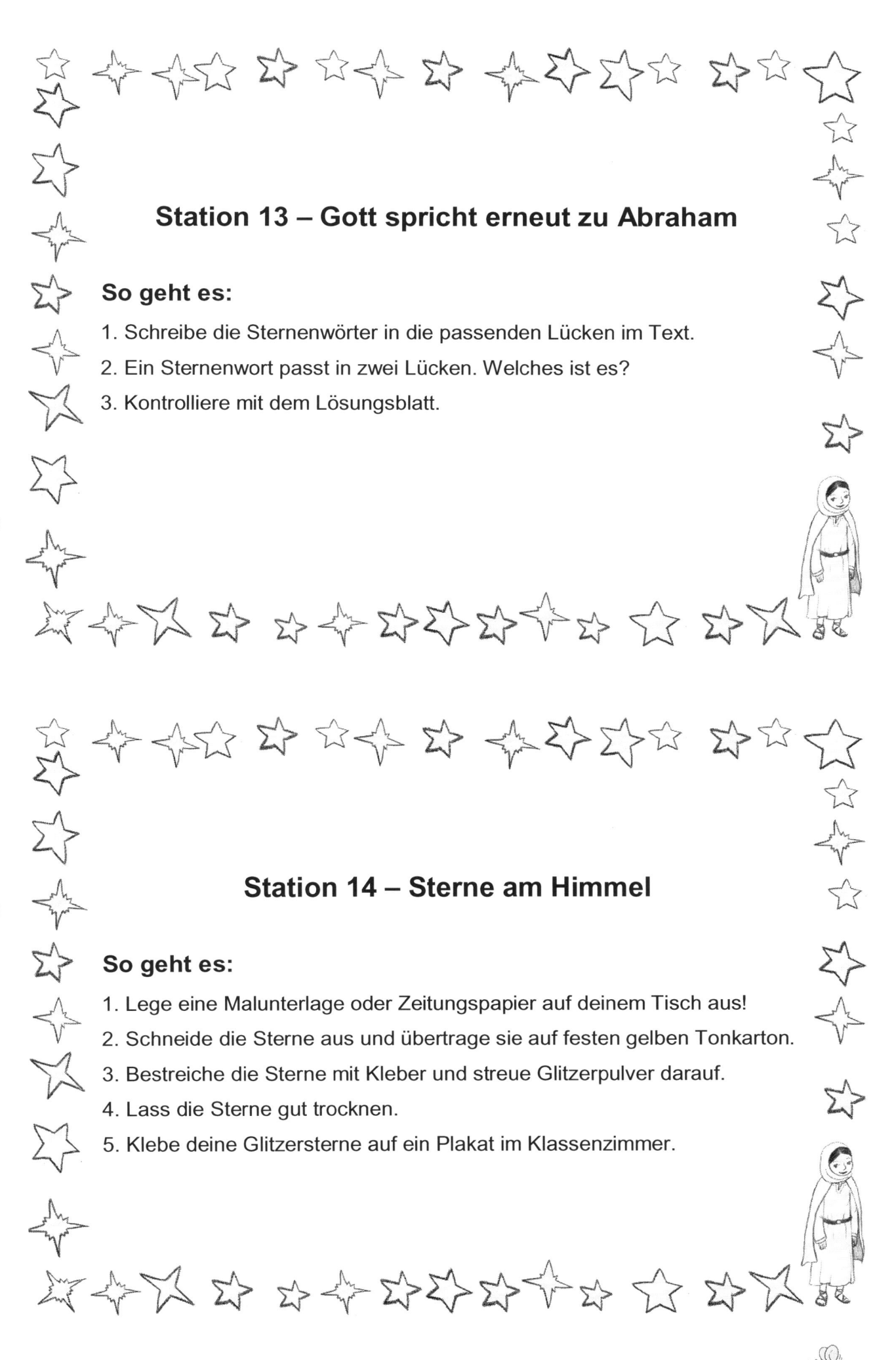

Station 13 – Gott spricht erneut zu Abraham

So geht es:

1. Schreibe die Sternenwörter in die passenden Lücken im Text.
2. Ein Sternenwort passt in zwei Lücken. Welches ist es?
3. Kontrolliere mit dem Lösungsblatt.

Station 14 – Sterne am Himmel

So geht es:

1. Lege eine Malunterlage oder Zeitungspapier auf deinem Tisch aus!
2. Schneide die Sterne aus und übertrage sie auf festen gelben Tonkarton.
3. Bestreiche die Sterne mit Kleber und streue Glitzerpulver darauf.
4. Lass die Sterne gut trocknen.
5. Klebe deine Glitzersterne auf ein Plakat im Klassenzimmer.

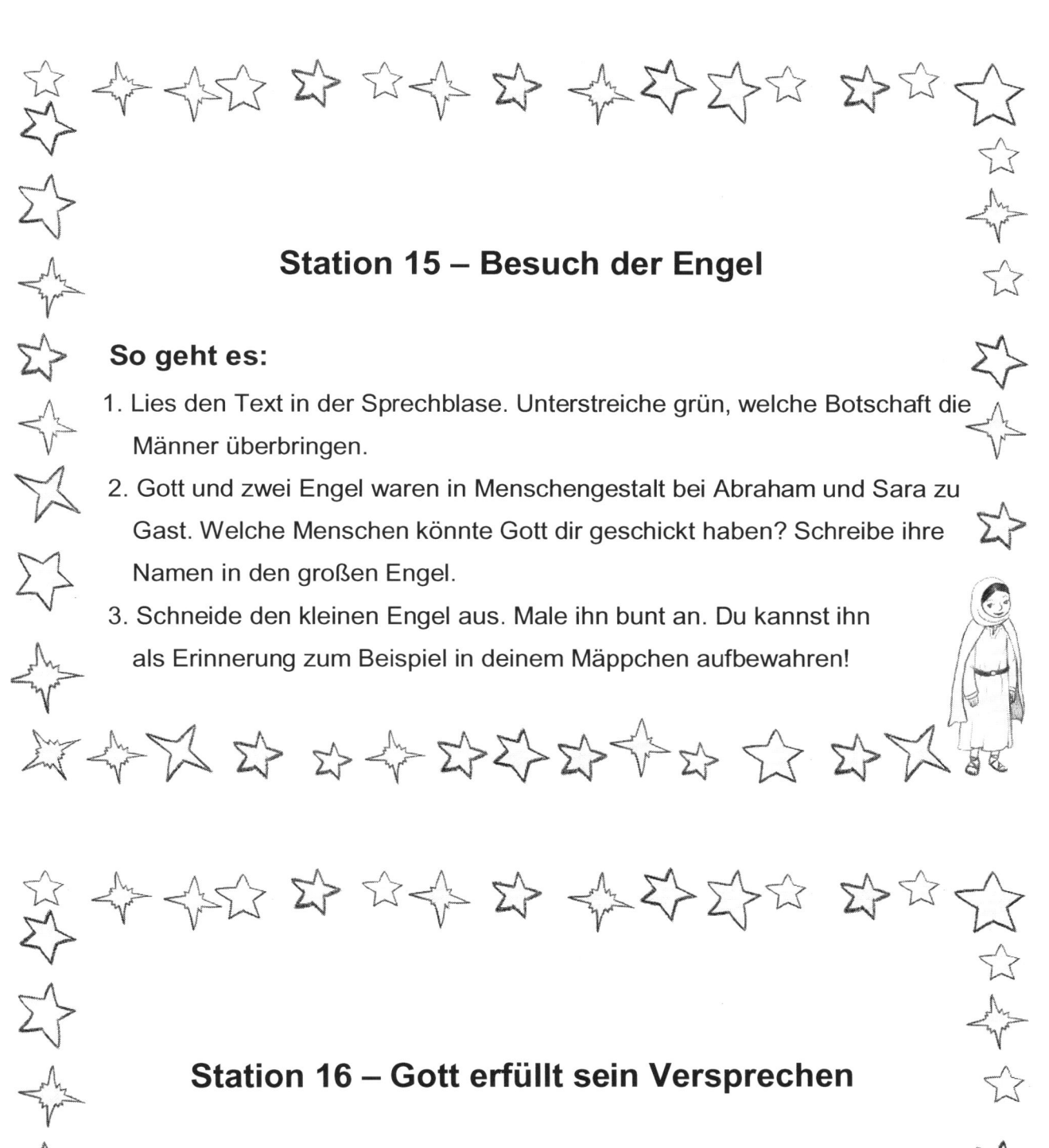

Station 15 – Besuch der Engel

So geht es:

1. Lies den Text in der Sprechblase. Unterstreiche grün, welche Botschaft die Männer überbringen.
2. Gott und zwei Engel waren in Menschengestalt bei Abraham und Sara zu Gast. Welche Menschen könnte Gott dir geschickt haben? Schreibe ihre Namen in den großen Engel.
3. Schneide den kleinen Engel aus. Male ihn bunt an. Du kannst ihn als Erinnerung zum Beispiel in deinem Mäppchen aufbewahren!

Station 16 – Gott erfüllt sein Versprechen

So geht es:

1. Lies den Text in der Sprechblase und schneide die Karten aus.
2. Ordne die Karten in der richtigen Reihenfolge. Wenn du alle Karten richtig zugeordnet hast, ergibt sich ein Lösungswort.
3. Klebe die Entwicklungsschritte von Saras Baby in dein Heft.
4. Schreibe das Lösungswort unter die Karten in dein Heft.
5. Kontrolliere mit dem Lösungsblatt.

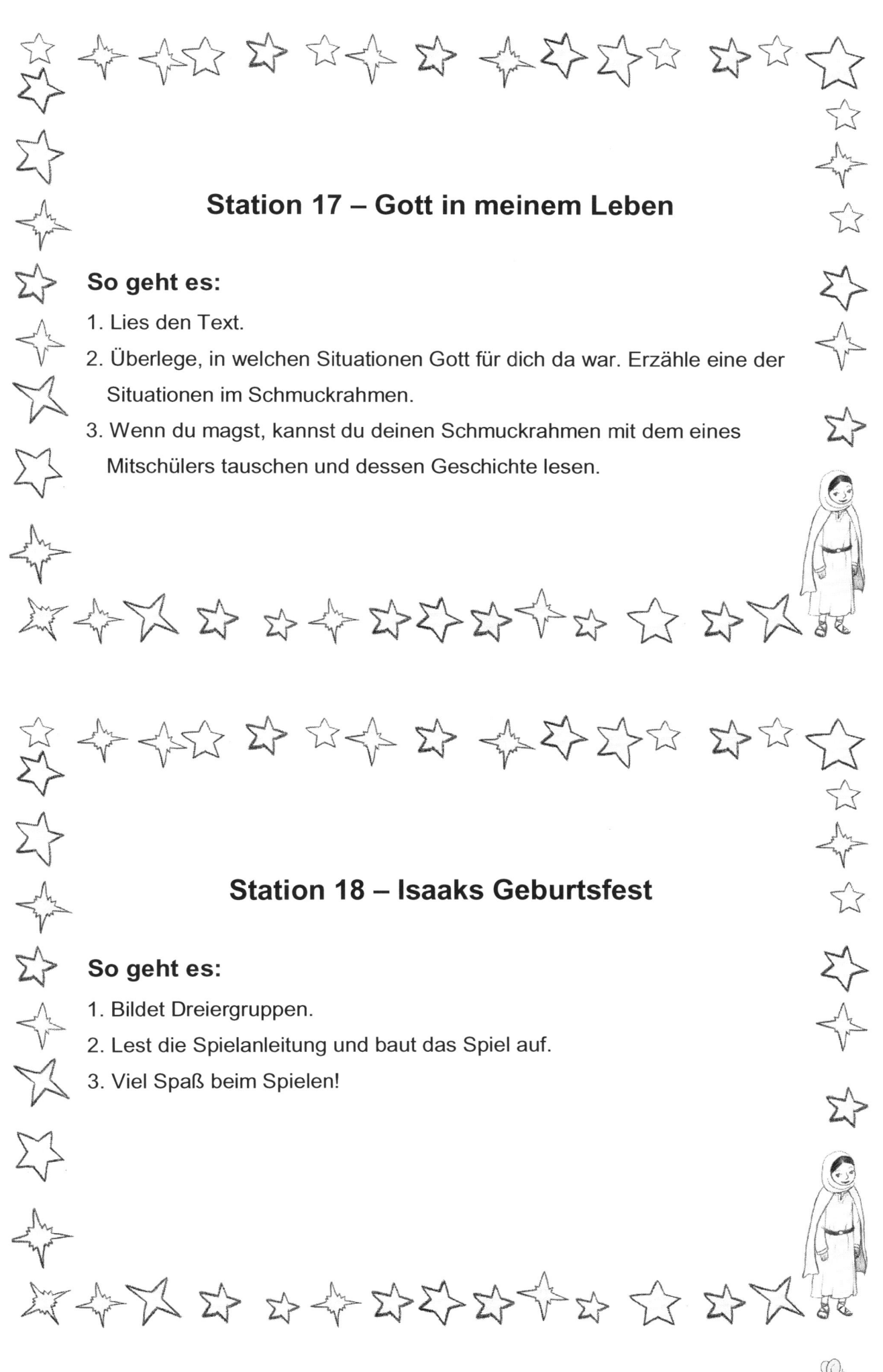

Station 17 – Gott in meinem Leben

So geht es:

1. Lies den Text.
2. Überlege, in welchen Situationen Gott für dich da war. Erzähle eine der Situationen im Schmuckrahmen.
3. Wenn du magst, kannst du deinen Schmuckrahmen mit dem eines Mitschülers tauschen und dessen Geschichte lesen.

Station 18 – Isaaks Geburtsfest

So geht es:

1. Bildet Dreiergruppen.
2. Lest die Spielanleitung und baut das Spiel auf.
3. Viel Spaß beim Spielen!

Station 19 – Namensdeutung

So geht es:

1. Lies die Bedeutung des Namens Isaak. Schreibe auf, warum Abraham und Sara diesen Namen ausgewählt haben könnten. (a)
2. Schlage in einem Namenswörterbuch die Namen „Abraham" und „Sara" nach und ergänze die Sätze. Kontrolliere mit dem Lösungsblatt. (a)
3. Schlage die Bedeutung deines eigenen Namens nach.
4. Zeichne die Bedeutung deines Namens auf das Schmuckblatt. (b)

Station 20 – Gitterrätsel

So geht es:

1. Finde im Gitterrätsel mindestens zehn versteckte Wörter.
2. Schreibe auf, welche Wörter du gefunden hast.
3. Kontrolliere mit dem Lösungsblatt.

Station 1 – Das Nomadenmädchen Lea

"Hallo, ich bin Lea."

| Sandalen | Umhang | Kopfbedeckung |
| Wasserkrug | Ziege | Gürtel |

Station 2 a – Leas Familie

Ich lebe in einer sehr großen Familie. Zusammen sind wir ungefähr 40 Personen. Ich möchte dir einige meiner Familienmitglieder vorstellen.

7 Buchstaben:	4 Buchstaben:	3 Buchstaben:

Lea erzählt:

„Abrahams Vater heißt Terach. Er hat drei Söhne: Der älteste ist Abraham, danach wurden Nachor und Haran geboren. Terachs Söhne heirateten und bekamen Kinder. Haran hat zwei Töchter und einen Sohn namens Lot. Abraham heiratete Sara. Die beiden sind sehr reich: Sie besitzen viele Ziegen, Schafe, Kühe und Kamele. Sie haben auch viele Knechte, die sich um die Tiere kümmern. Obwohl Abraham und Sara sich von ganzem Herzen ein Kind wünschen, haben sie bisher keines bekommen.

Wir leben alle zusammen in einer Großfamilie: Eltern, Geschwister, Großeltern, Onkel, Tanten und natürlich auch deren Söhne und Töchter. Jeder hat seine Aufgabe und wird gebraucht. Mit unseren Tieren ziehen wir von Weideplatz zu Weideplatz. Darum leben wir in Zelten. Die können wir immer mitnehmen. Man nennt uns eine Nomadenfamilie."

Station 2 b – Leas Familie – meine Familie (Teil 1)

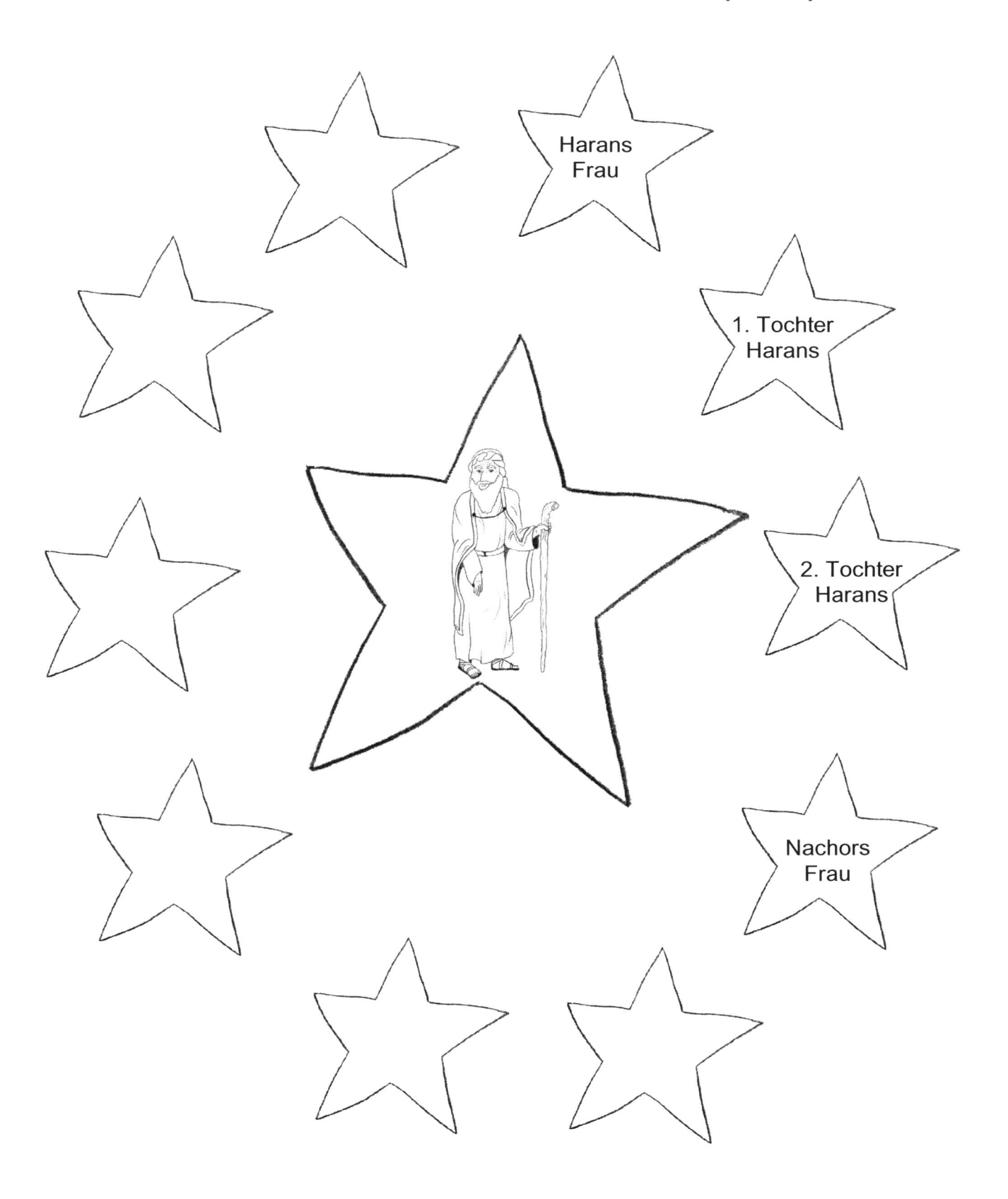

Harans Frau

1. Tochter Harans

2. Tochter Harans

Nachors Frau

Station 2 b – Leas Familie – meine Familie (Teil 2)

Mein Name:

Station 3 a – Ein Tag bei den Nomaden (Teil 1)

7.00 Uhr
Ich frühstücke Fladenbrot.

19.30 Uhr
Wir essen gemeinsam zu Abend. Ich mache mich für die Nacht fertig und gehe ins Zelt zum Schlafen.

5.45 Uhr
Gleich bei Sonnenaufgang werde ich geweckt.

12.30 Uhr
Pünktlich vor der großen Hitze gibt es Mittagessen. Nach dem Essen halte ich Mittagsschlaf.

Station 3 b – Ein Tag bei den Nomaden (Teil 2)

9.30 Uhr

Dann mahle ich mit den Frauen Körner für das Fladenbrot. Das ist anstrengend.

7.30 Uhr

Nach dem Frühstück kümmere ich mich um Abrahams Ziegen.

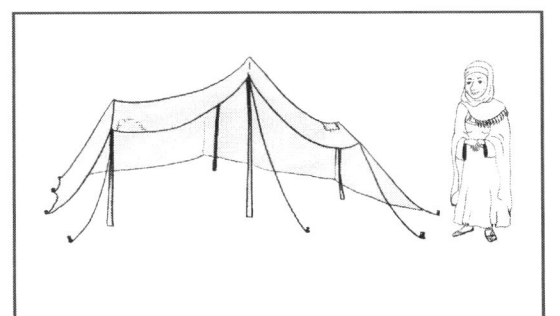

15.00 Uhr

Nach der Mittagsruhe gehe ich zu Sara. Ich helfe ihr beim Aufräumen oder Nähen. Es gibt viel zu tun.

6.00 Uhr

Ich ziehe mich an und gehe zum Wasserholen an den Brunnen.

Station 3 b – Leas Tag – mein Tag (Teil 1)

Leas Tag	Mein Tag

Station 3 b – Leas Tag – mein Tag (Teil 2)

Leas Tag	Mein Tag

Station 3 b – Leas Tag – mein Tag (Teil 3)

Leas Tag	Mein Tag

Station 4 a – Essen in der Nomadenfamilie

„In unserer Familie hat jeder eine Aufgabe. Meine Aufgabe ist es, mit anderen Frauen gemeinsam Fladenbrot zu backen: Dazu müssen wir zuerst die Körner und Samen mit dem Mühlstein mahlen. Das ist ziemlich anstrengend. Denn wir brauchen jeden Tag ziemlich viele Körner, um die hungrigen Männer satt zu bekommen. Die zerstoßenen Körner mischen wir mit Wasser, bis ein dicker Brei entsteht. Der Brei wird mit Salz gewürzt. Dann streichen wir ihn auf flache Steine. Die Steine legen wir am Feuer in die Glut. Fertig ist das Fladenbrot!"

In meiner Familie habe ich diese Aufgaben:

_____

_____

So bereiten Lea und die Frauen Fladenbrot zu:

_____

_____

_____

_____

_____

Station 4 b – Wir legen ein Mandala

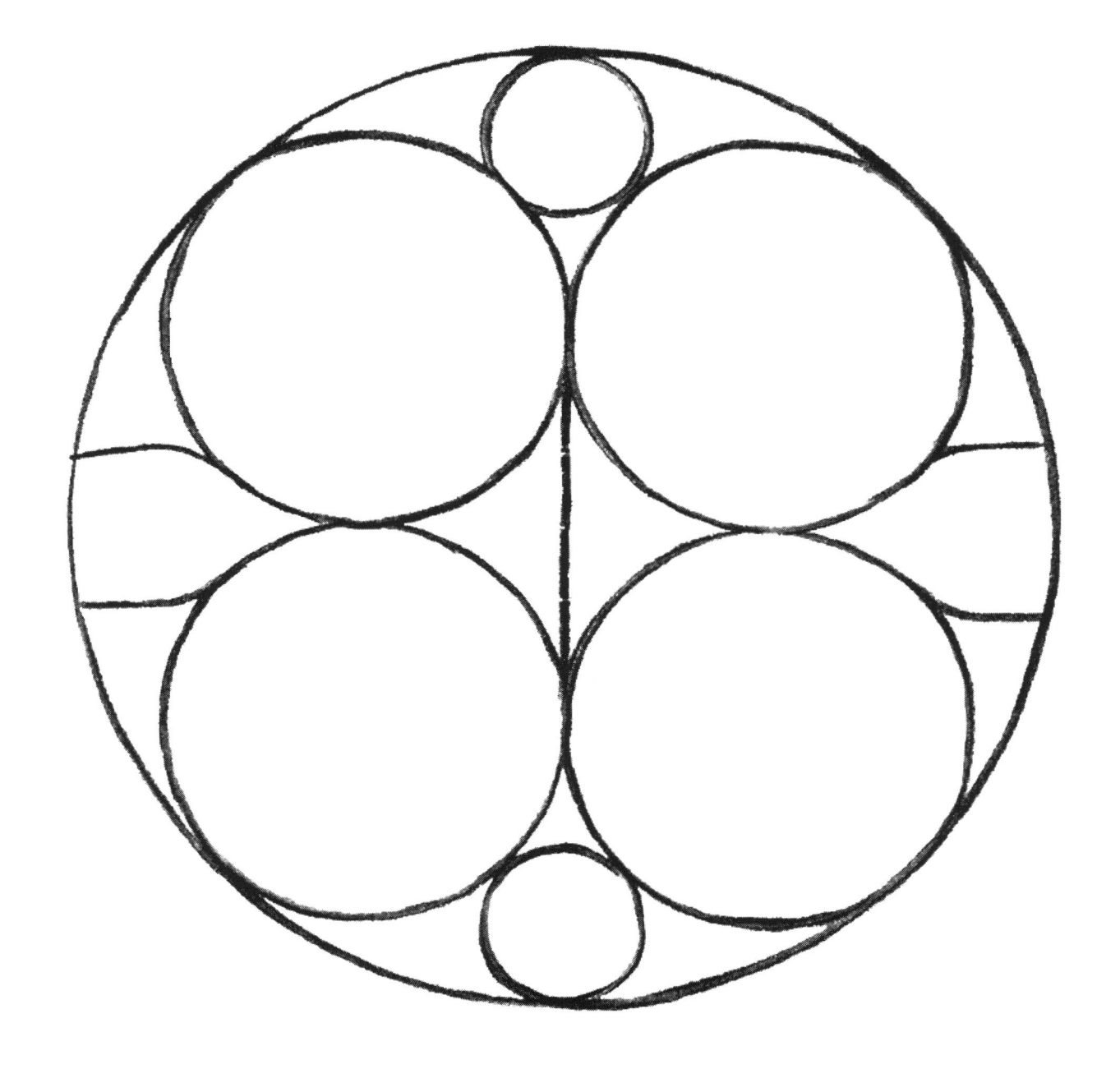

Station 5 – Gott spricht zu Abraham

Stern 1: Abraham, verlasse dein Land.

Stern 2: Ich zeige dir ein neues Land.

Stern 3: Dort schenke ich dir viele Nachkommen.

Stern 4: Ich segne und begleite dich.

So wird Abraham sich entscheiden:

_____

_____

Station 6 – Die Entscheidung (Teil 1)

*Ich kann nicht glauben, was heute passiert ist ...
Lass es mich dir berichten!*

Wort	Buchstabe
Nacht	T
Brunnen	U
Abraham	R
Ziege	A
Schafe	N
Sara	V
Fragen	E
Zelt	E
Baby	R

Lösungswort	1	2	3	4	5	6	7	8	9

Station 6 – Die Entscheidung (Teil 2)

Lea erzählt:

„Als ich heute bei 🧕 war, kam 👨 ins ⛺.

Er sagte: „Letzte 🌙 hat Gott zu mir gesprochen hat. Er möchte uns in ein neues, schönes Land führen und er hat versprochen, uns zu begleiten und zu schützen.

Außerdem hat er gesagt, dass wir ein 👶 bekommen werden." Sara konnte es nicht glauben. Sie fragte Abraham: „Werden wir unsere Familie verlassen?" Abraham antwortete Sara: „Ja, ich möchte auf Gott hören und unsere Familie verlassen." Sara fragt weiter: „Werden wir unser ⛺, unsere 🐐 und 🐑 mitnehmen können? Wo werden wir 💧 finden? Abraham, was wird auf dem Weg sein?" Da ging Abraham zu Sara und hat sie fest in den Arm genommen und geantwortet: „Sara, deine ❓ kann ich dir nicht beantworten. Aber: Ich vertraue auf Gott. Er wird uns auf dem Weg beschützen, uns ein neues wunderschönes Land zeigen und uns ein 👶 schenken."

Station 7 – Mut-mach-Sätze

Sara, Abraham und einige ihrer Hirten und Knechte haben sich entschieden, Gott zu gehorchen und ihre Familie zu verlassen. Was wird sie auf dem Weg in das neue Land erwarten? Sie wissen es nicht.

Ein Krug voll Mut!

Sara braucht für die Reise viel Mut. Deshalb hat sie sich diesen Mut-mach-Satz ausgedacht: *„Ich schaffe es, weil Gott mich beschützt."*

Mein Mut-mach-Satz für (Name) _____.

In welchen Situationen dieser Satz besonders gut hilft:

_____

_____

_____

_____

Warum ich ihn genau diesem Mitschüler/dieser Mitschülerin schenke:

_____

_____

Station 8 – Freunde vertrauen einander (Teil 1)

| höflich | vertrauensvoll | sportlich |

| verschwiegen | intelligent |

| beliebt | Mädchen | blond |

| ruhig | witzig |

| Junge | ehrlich | blaue Augen |

| Fußballfan | mutig |

| schüchtern | warmherzig | wissensdurstig |

Dir fallen sicher noch andere Dinge ein! Schreibe sie auf die Kärtchen.

Station 8 – Freunde vertrauen einander (Teil 2)

An einem Freund ist mir ...

... wichtig	... nicht so wichtig	... unwichtig

Vertrauensübung:

1. Macht aus, wer die Vertrauensübung zuerst macht. Derjenige schließt die Augen.
2. Der Partner führt den Vertrauenden blind durch das Klassenzimmer.
3. Tauscht nach etwa fünf Minuten die Rollen.

Vertrauen unter Freunden ist wichtig, weil ...

_____

_____

Station 9 – Leas Reisetagebuch

Lea schreibt in ihr Tagebuch:

Vor langer Zeit sind wir von Ur weggegangen. An manchen Tagen war die Reise sehr anstrengend. Zuerst hat uns Gott durch die Wüste über Mari nach Haran geführt. Von Haran aus zogen wir nach Damaskus. Da wir viele Tiere dabei hatten, kamen wir nur langsam voran. In Damaskus haben wir unsere Vorräte aufgefüllt und gingen weiter nach Sichem. Das erste Mal seit langer Zeit haben wir auf dieser Wegstrecke einen Fluss überquert. In Sichem, im Land Kanaan, sind wir geblieben. Abraham sagte:

„Nun sind wir am Ziel. Gott hat uns in dieses Land geführt."

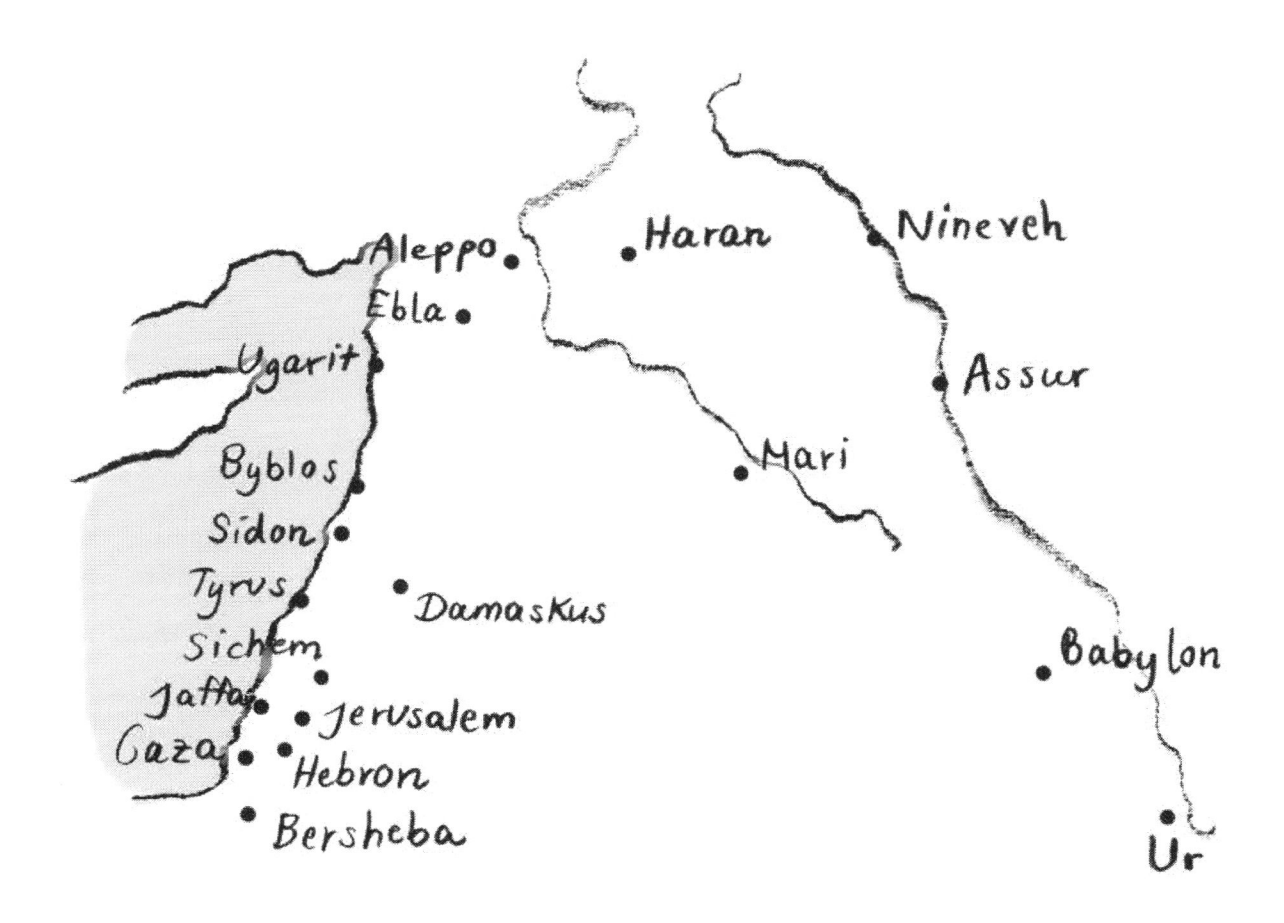

Station 10 – So schön ist Kanaan (Teil 1)

*Nach langer Reise sind wir also angekommen. Mein neues Zuhause heißt **Kanaan**. Kanaan ist ein schönes Land. Dort sind die Bäume und Sträucher grün, weil es nahe an einem Fluss liegt. Unsere Herden haben genügend Gras zum Weiden. Wir wohnen immer noch in unseren Zelten. Wenn ich mein Zelt morgens öffne, freue ich mich über die schöne Aussicht.*

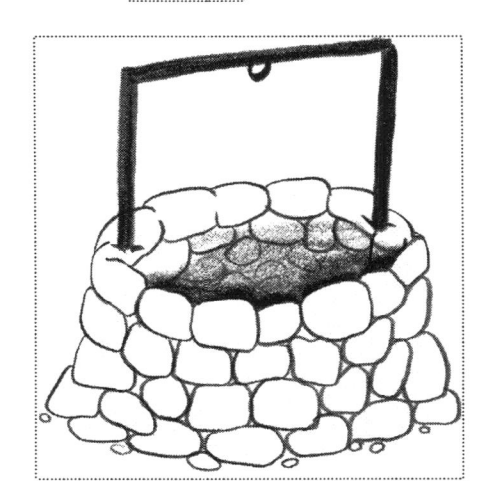

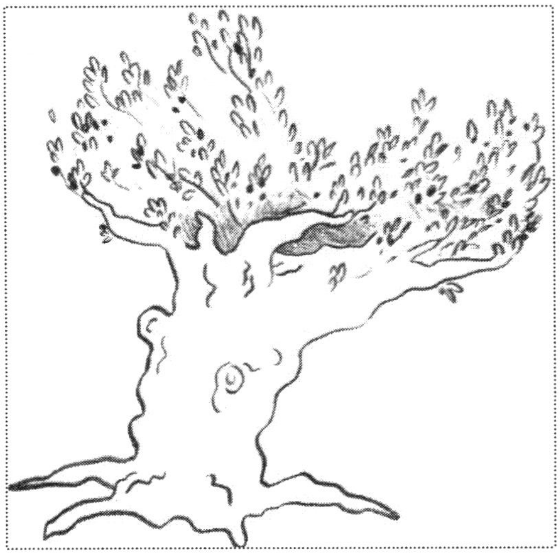

Station 10 – So schön ist Kanaan (Teil 2)

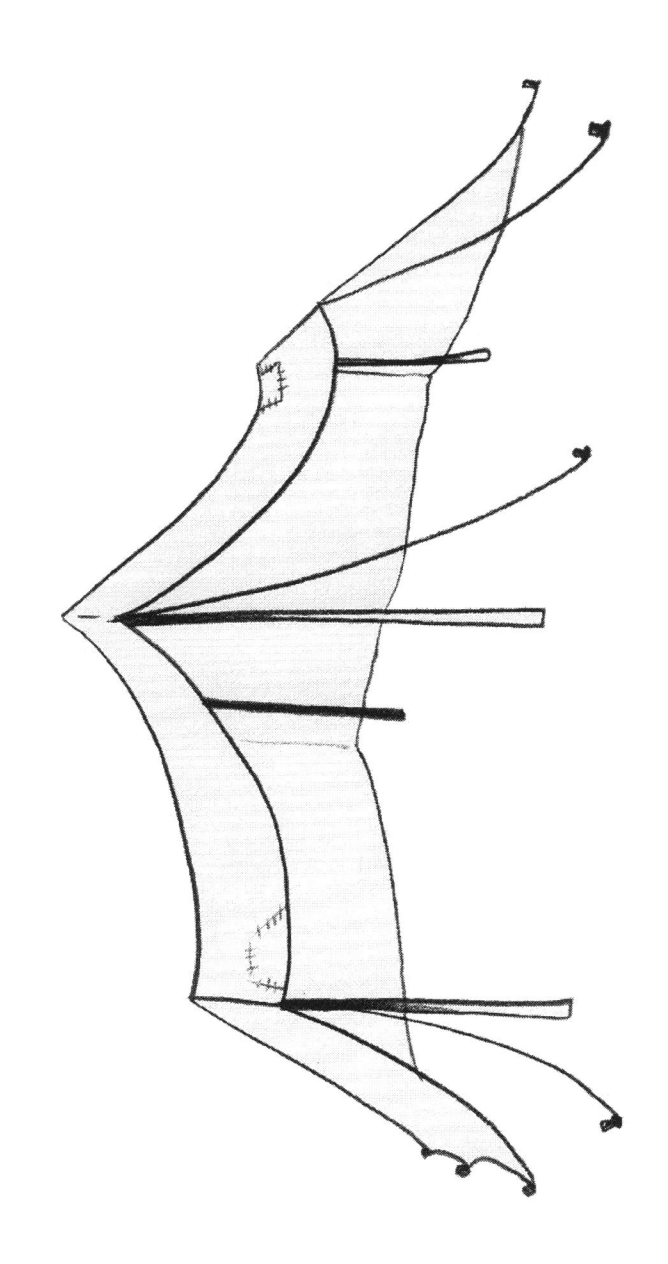

Station 11 – Streit unter den Hirten (Teil 1)

Bei uns in Kanaan gab es eine schlimme Hungersnot. Um zu überleben, mussten wir nach Ägypten weiterziehen. Jetzt ist die Hungersnot vorbei und wir sind zurück in Kanaan. Doch leider ist das Land nicht mehr so fruchtbar und auch die Herden von Abraham und Lot sind gewachsen. Wir haben so viel Vieh, dass es schon Streit um die Weiden gibt. Jeder möchte im Jordantal weiden. Dort gibt es mehr Wasser und besseren Boden.

„Meine Herde war zuerst hier!"

„Abraham ist älter als Lot, deshalb gehört das Gras seinen Tieren!"

Abraham und Lot haben beobachtet, wie sich ihre Hirten streiten.

Lot meinte: „So kann es nicht weitergehen." Abraham antwortete: „Ja, Lot, du hast Recht. Wir brauchen eine Lösung."

Das könnte eine Lösung sein:

_____

_____

Station 11 – Streit unter den Hirten (Teil 2)

Abrahams Lösung in Geheimschrift

Tipp: 1= A, 2 = B, 3 = C ...

Abraham sagt zu Lot:

Wir müssen uns __TRENNEN__
                    20 18 5 14 14 5 14

Lot, __NIMM__ **du einen Teil des**
         14 9 13 13

__LANDES__ **für deine**
12 1 14 4 5 19

__HERDEN__ .
8 5 18 4 5 14

Lot wählt das Jordantal für seine Herden. Nenne den Grund.

_____

_____

_____

Station 12 – Zweifel an Gott

Heute Nachmittag war ich bei Sara im Zelt. Abraham und sie sind erschöpft von der anstrengenden Reise. Sie sind sehr traurig, weil Gott sein Versprechen bisher nicht erfüllt hat. Er hat ihnen noch kein Kind geschenkt. Abraham befürchtet, dass einer seiner Knechte seinen Besitz erben wird.

Beten – mit Gott sprechen

Abraham und Sara bringen ihre Sorgen in einem Gebet vor Gott. Sie möchten ihn bitten, sein Versprechen bald zu erfüllen und ihnen ein Kind zu schenken. Das sagen sie:

Station 13 – Gott spricht erneut zu Abraham

In einer _____ kann Abraham nicht schlafen: „Hat _____ uns vergessen? Wie lange müssen wir noch _____?"

Mitten in seine Gedanken hinein hört Abraham Gottes _____:

„Abraham! Hab keine _____. Komm aus deinem _____ heraus. Schau in den _____. Siehst du die _____? Kannst du sie zählen?"

Abraham sieht zu den Sternen und _____ seinen _____:

„Nein, die _____ kann ich nicht zählen. Es sind einfach zu _____." Da antwortet Gott:

„So viele _____ will ich dir schenken, wie du Sterne am Himmel siehst!"

Sternenwörter: Nacht, warten, Zelt, Himmel, Gott, viele, schüttelt, Sterne, Angst, Kopf, Kinder, Stimme

Dieses Sternenwort kann ich 2 Mal einsetzen:

_____

Station 14 – Sterne am Himmel

Station 15 – Besuch der Engel

Heute hat Abraham Besuch von drei Männern bekommen. Gemeinsam haben sie mit Abraham zu Mittag gegessen. Sie sagten ihm, dass Sara nächstes Jahr einen Sohn bekommen wird. Ist das nicht eine tolle Nachricht? Sara saß in ihrem Zelt und konnte die Männer reden hören. Zuerst konnte sie es gar nicht glauben und lachte leise. Ein Gast hat Abraham nach dem Grund gefragt. Sara ging schnell zu den Männern und sagte: „Ich habe doch gar nicht gelacht." Der Mann antwortete Sara: „Doch, Sara, ich habe dich lachen gehört." Da verstanden Abraham und Sara: **Gott und zwei seiner Engel waren in Menschengestalt bei ihnen zu Gast gewesen.**

Menschen, die mir Gott geschickt hat:

Zum Ausschneiden und Anmalen:

Station 16 – Gott erfüllt sein Versprechen

Sara ist schwanger! Meine ganze Familie freut sich! Wenn ich bei Sara bin, erzählt sie mir oft, wie sich das Baby in ihrem Bauch entwickelt. Das ist total spannend.

U

Das Baby ist jetzt etwa halb so groß, wie es bei der Geburt sein wird. Manchmal strampelt es so stark, dass man es durch Saras Bauch sehen kann. Sara freut sich sehr auf ihr Baby.

G

Am Anfang der Schwangerschaft ist Saras Bauch noch ganz flach. Sie ist sehr müde und muss sich ausruhen, damit sich das Baby in ihrem Bauch wohlfühlen kann. Manchmal ist ihr auch übel.

T

Jetzt kommt das Baby bald zur Welt. Es ist jetzt vollständig entwickelt und macht sich für die Geburt bereit.

E

Saras Bauch wird langsam runder. Ihr Baby wächst jetzt schnell.
Das Herz von Saras Baby schlägt etwa 120 Mal in der Minute.

R

Saras Bauch ist schon richtig groß. Bei manchen Arbeiten gerät sie ziemlich aus der Puste. Manchmal fühlt es sich so an, als ob das Baby in Saras Bauch Purzelbäume machen würde.

B

Das Baby hat zu strampeln begonnen! Es kann jetzt spüren, wenn Sara sich über ihren Bauch streichelt. Ihren Bauch kann man nun deutlich sehen.

Station 17 – Gott in meinem Leben

Sara und Abraham haben Gott vertraut. Gott hat seine Versprechen gehalten: Er hat Abraham und Sara in ein neues Land geführt und sie bekommen ein Baby. Sie sind Gott sehr dankbar!

Auch du hast sicher schon schwierige Situationen erlebt und Gott um Hilfe gebeten. Wann wurde dir geholfen?

Gott war für mich da, als …

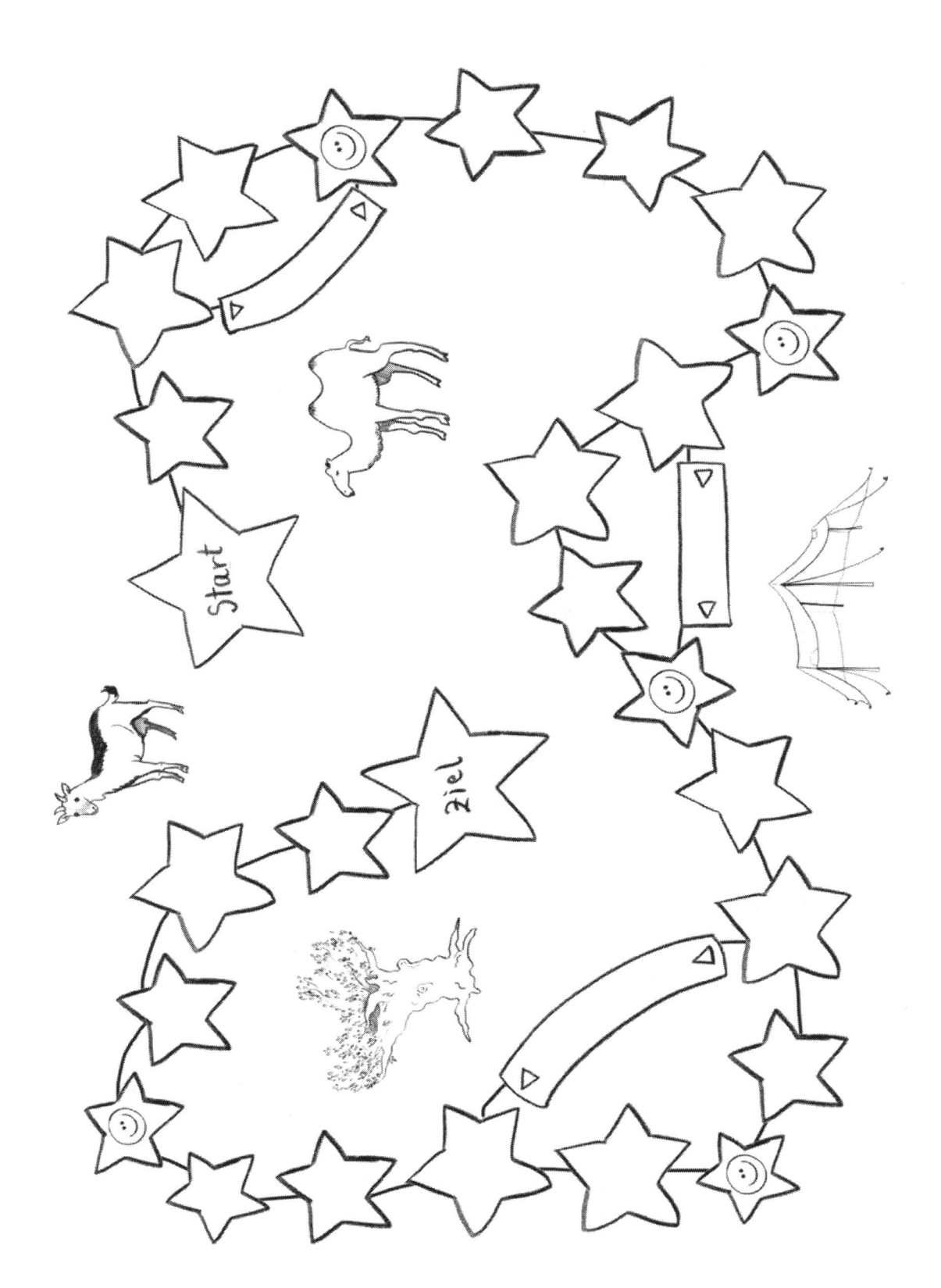

Station 18 – Isaaks Geburtsfest

Start

Ziel

Station 18 – Isaaks Geburtsfest
Spielanleitung

Das braucht ihr:
- 3 Spielfiguren
- 1 Würfel
- Spielplan
- Ereigniskarten

Sara und Abraham haben einen Sohn bekommen. Sie möchten mit der ganzen Familie ein Fest feiern. Dafür muss viel organisiert werden. Jeder in unserer Familie hilft. Viel Spaß beim Spielen!

So geht es:

1. Baut das Spielfeld auf:
   - Legt die Ereigniskarten in das Feld.
   - Stellt die Spielfiguren auf START.

2. Die Spielregeln:
   - Jeder darf 1x würfeln. Der Spieler mit der höchsten Augenzahl beginnt.
   - Es wird im Uhrzeigersinn gewürfelt. Jeder Spieler zieht um die Augenzahl auf dem Würfel vorwärts.
   - Wer auf einem Feld zum Stehen kommt, das an eine Girlande angrenzt, darf die Abkürzung in Pfeilrichtung benutzen.
   - Die Felder mit den Gesichtern sind Ereignisfelder. Wer auf einem Ereignisfeld zum Stehen kommt, muss eine Ereigniskarte ziehen und den Auftrag auf der Karte sofort ausführen.

3. Ziel des Spiels:
   Gewonnen hat der Spieler, der zuerst das Ziel erreicht. Er darf Isaak zuerst gratulieren.

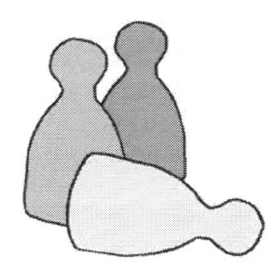

Station 18 – Isaaks Geburtsfest
Ereigniskarten (1)

Du entdeckst fünf volle Wasserkrüge hinter dem Vorratszelt und musst deshalb nicht noch einmal zum Brunnen laufen. Noch 1x würfeln!	Die Hirten kommen früher von der Weide zurück und können dir beim Schmücken des Festzelts helfen. Rücke drei Felder vor!
Dein kleiner Bruder kann dir bei der Arbeit helfen. So kommst du schneller voran. Würfle noch einmal!	Die Mittagshitze brennt heiß vom Himmel. Du musst dich eine Weile ausruhen. Dadurch verlierst du Zeit. 1x aussetzen!
Spontan kommen weitere Gäste, um mit der Familie Isaaks Geburt zu feiern. Du musst noch mehr Körner für das Fladenbrot mahlen. 1x aussetzen!	Du entdeckst fertig gemahlenes Korn in einem Krug im Vorratszelt. Du wirst schneller fertig sein! Noch einmal würfeln!
Du hast noch kein Geschenk zur Geburt. Unterbrich deine Arbeit, um noch etwas zu besorgen. Zwei Felder zurück!	Du kannst die Feuerstelle deiner Nachbarn benutzen, um das Fladenbrot zu backen. So wirst du schneller fertig! Rücke zwei Felder vor!
Manchmal bist du wirklich ein Tollpatsch! In der Eile stößt du einen Wasserkrug um. Rücke ein Feld zurück!	Heute ist der große Tag ... und du hast verschlafen! Du beginnst deine Arbeit erst nach allen anderen! 1x aussetzen!
Deine kleine Schwester hilft dir fleißig beim Blumenpflücken. Ihr kommt schnell voran. Würfle noch einmal!	Als du dein bestes Hemd anziehen möchtest, entdeckst du darin ein großes Loch. Nähe es noch schnell vor dem Fest. Zwei Felder zurück!

Station 18 – Isaaks Geburtsfest
Ereigniskarten (2)

Heute ist am Waschplatz viel los. Du musst leider warten, bevor du dich waschen kannst. Gehe ein Feld zurück.	Gewürze werden immer frisch gemahlen. Heute benötigen die Frauen eine ganze Menge davon. Du hast viel mehr zu tun als sonst. 1x aussetzen.
Du hast dich heute sehr früh wecken lassen, damit du deine Arbeit gut erledigen kannst. Rücke zwei Felder vor.	Gut, dass du deinen Schwestern das Flechten gelernt hast. Sie helfen dir, die Haare der anderen Frauen zu flechten. Ein Feld vor!
Die Gäste treffen früh ein und sind hungrig. Sara möchte, dass du deine Arbeit unterbrichst und einen Snack zubereitest. Ein Feld zurück!	Schon vor einigen Tagen hast du die Tischdecken gewaschen. Das zahlt sich heute aus, du kannst in Ruhe die Tische decken. Würfle noch einmal!
Du bist gestern früh ins Bett gegangen und bist heute gut ausgeschlafen. Deine Arbeit erledigt sich fast wie von selbst. Du darfst ein Feld vorrücken!	Puh, das ist gerade noch einmal gut gegangen! Fast wären dir die Fladenbrote verbrannt. Glück gehabt! Würfle noch einmal.
Für das Fleisch brauchen die Frauen eine ganze Menge Kräuter. Zum Glück hast du immer wieder welche getrocknet. Rücke zwei Felder vor.	Für die Kinder soll es Milch zu trinken geben. Die Ziegen entwischen dir aber immer wieder. Gehe zwei Felder zurück.
Du bist sehr erschöpft von der anstrengenden Arbeit. Mache eine kurze Pause. 1x aussetzen.	Hinter einem Zelt entdeckst du einen großen Vorrat an Feuerholz! Du musst nicht mehr so viel Holz sammeln! Gehe drei Felder vor.

Station 19 a – Namensdeutung

Sara und Abraham geben ihrem Sohn den Namen Isaak.
Isaak bedeutet „Gott lacht".

Abraham und Sara könnten „Isaak" als Namen gewählt haben, weil …

_____

_____

Der Name „Abraham" bedeutet …

_____

_____

Der Name „Sara" bedeutet …

_____

_____

                Raphael   Anna-Lena   Amelie

    Marcel   Jennifer   Leon

Mein Name ist _____

Er bedeutet _____

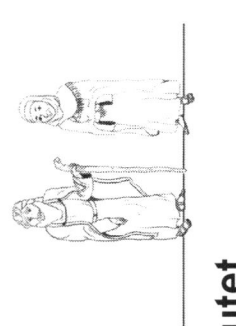

Station 19 b – Was mein Name bedeutet

Station 20 – Gitterrätsel

V	S	C	G	E	B	U	R	T	S	F	E	S	T	R
A	H	C	A	N	A	C	H	K	O	M	M	E	N	T
I	I	S	A	A	K	G	N	G	L	Y	D	Y	D	N
E	R	S	T	R	A	O	O	I	S	A	R	A	T	P
Z	T	O	E	U	N	G	G	E	V	M	H	J	M	B
V	E	R	T	R	A	U	E	N	E	S	T	O	Y	F
A	N	N	C	D	A	Q	P	G	R	I	E	D	Q	Q
B	N	F	U	E	N	G	K	E	S	D	U	O	B	

(Hinweis: Zeile 8 hat 14 Buchstaben, korrigiert:)

B	N	F	U	E	N	G	K	E	S	D	U	O	O	B
R	U	A	K	G	U	M	T	L	P	J	D	W	L	V
A	Q	M	Z	U	V	M	W	Y	R	D	M	H	I	Q
H	Y	I	Y	D	T	D	J	D	E	H	E	R	F	G
A	L	L	P	P	P	M	A	L	C	C	A	F	Y	N
M	C	I	W	R	P	E	Z	F	H	C	G	O	T	T
S	Z	E	J	X	Q	O	D	C	E	E	T	S	R	U
D	U	V	I	S	I	L	P	Z	N	A	U	Z	F	W

Diese Wörter habe ich gefunden:

_____

_____

_____

Lösung Station 1 – Das Nomadenmädchen Lea

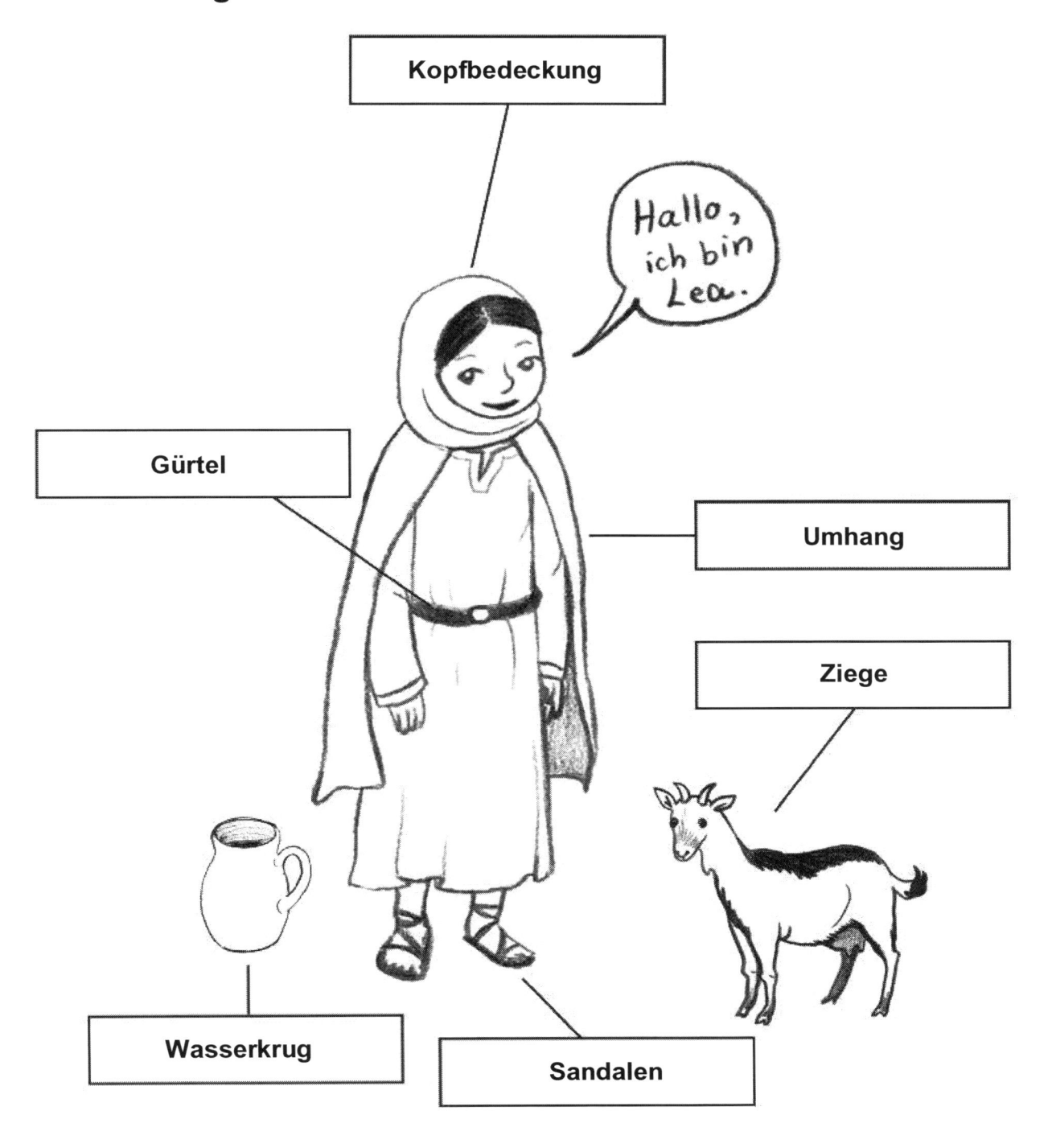

Kopfbedeckung

Hallo, ich bin Lea.

Gürtel

Umhang

Ziege

Wasserkrug

Sandalen

| Sandalen | Umhang | Kopfbedeckung |
| Wasserkrug | Ziege | Gürtel |

Lösung Station 2 a – Leas Familie

Ich lebe in einer sehr großen Familie. Zusammen sind wir ungefähr 40 Personen. Ich möchte dir einige meiner Familienmitglieder vorstellen.

| Abraham | Sara | Lot |

Lea erzählt:

„**Abrahams** Vater heißt **Terach**. Er hat drei Söhne: Der älteste ist **Abraham**, danach wurden **Nachor** und **Haran** geboren. **Terachs** Söhne heirateten und bekamen Kinder. **Haran** hat zwei **Töchter** und einen Sohn namens **Lot**. **Abraham** heiratete **Sara**. Die beiden sind sehr reich: Sie besitzen viele Ziegen, Schafe, Kühe und Kamele. Sie haben auch viele Knechte, die sich um die Tiere kümmern. Obwohl **Abraham** und **Sara** sich von ganzem Herzen ein Kind wünschen, haben sie bisher keines bekommen.

Wir leben alle zusammen in einer Großfamilie: Eltern, Geschwister, Großeltern, Onkel, Tanten und natürlich auch deren Söhne und Töchter. Jeder hat seine Aufgabe und wird gebraucht. Mit unseren Tieren ziehen wir von Weideplatz zu Weideplatz. Darum leben wir in Zelten. Die können wir immer mitnehmen. Man nennt uns eine Nomadenfamilie."

Lösung Station 2 b – Leas Familie – meine Familie (1)

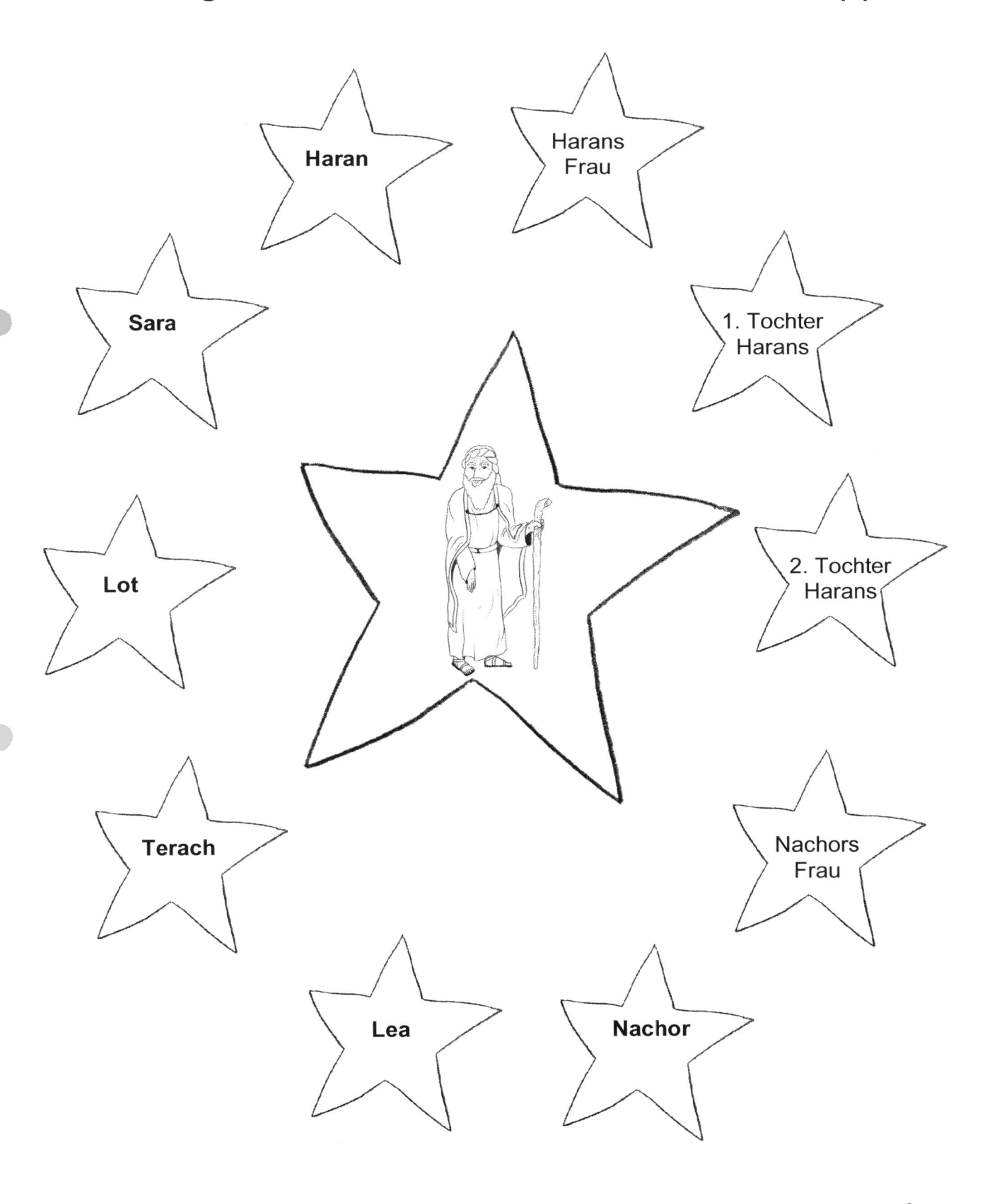

- Haran
- Harans Frau
- Sara
- 1. Tochter Harans
- Lot
- 2. Tochter Harans
- Terach
- Nachors Frau
- Lea
- Nachor

Lösung Station 3 b – Leas Tag – mein Tag (1)

Leas Tag

5.45 Uhr

Gleich bei Sonnenaufgang werde ich geweckt.

6.00 Uhr

Ich ziehe mich an und gehe zum Wasserholen an den Brunnen.

7.00 Uhr

Ich frühstücke Fladenbrot.

Lösung Station 3 b – Leas Tag – mein Tag (2)

Leas Tag

7.30 Uhr

Nach dem Frühstück kümmere ich mich um Abrahams Ziegen.

9.30 Uhr

Dann mahle ich mit den Frauen Körner für das Fladenbrot.
Das ist anstrengend.

12.30 Uhr

Pünktlich vor der großen Hitze gibt es Mittagessen. Nach dem Essen halte ich Mittagsschlaf.

Lösung Station 3 b – Leas Tag – mein Tag (3)

Leas Tag

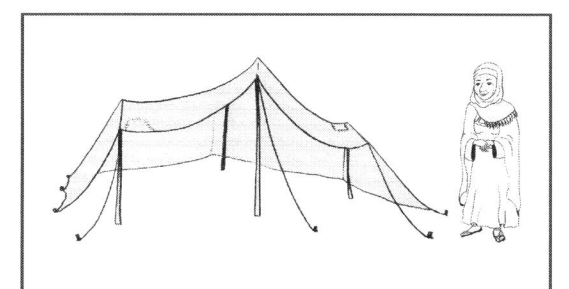

15.00 Uhr

Nach der Mittagsruhe gehe ich zu Sara. Ich helfe ihr beim Aufräumen oder Nähen. Es gibt viel zu tun.

19.30 Uhr

Wir essen gemeinsam zu Abend. Ich mache mich für die Nacht fertig und gehe ins Zelt zum Schlafen.

Lösung Station 4 a – Essen in der Nomadenfamilie

*„In unserer Familie hat jeder eine Aufgabe. **Meine Aufgabe ist es, mit anderen Frauen gemeinsam Fladenbrot zu backen:** Dazu müssen wir zuerst die Körner und Samen mit dem Mühlstein mahlen. Das ist ziemlich anstrengend. Denn wir brauchen jeden Tag ziemlich viele Körner, um die hungrigen Männer satt zu bekommen. Die zerstoßenen Körner mischen wir mit Wasser, bis ein dicker Brei entsteht. Der Brei wird mit Salz gewürzt. Dann streichen wir ihn auf flache Steine. Die Steine legen wir am Feuer in die Glut. Fertig ist das Fladenbrot!"*

In meiner Familie habe ich diese Aufgaben:

Verschiedene Antworten sind möglich:

Ich räume die Spülmaschine aus. Oder ich trage ab und zu den Müll raus.

So bereiten Lea und die Frauen Fladenbrot zu:

1. **Zuerst werden Getreidekörner und Samen gemahlen.**
2. **Wir mischen Wasser dazu, bis ein dicker Brei entsteht.**
3. **Dann würzen wir mit etwas Salz.**
4. **Wir streichen den Brei auf flache Steine.**
5. **Die Steine legen wir in die Glut im Feuer.**

Lösung Station 5 – Gott spricht zu Abraham

Abraham, verlasse dein Land.

Ich zeige dir ein neues Land.

Dort schenke ich dir viele Nachkommen.

Ich begleite und segne dich.

So wird Abraham sich entscheiden:

Abraham vertraut Gott.

Er wird sich auf die Reise machen.

Lösung Station 6 – Die Entscheidung (Teil 1)

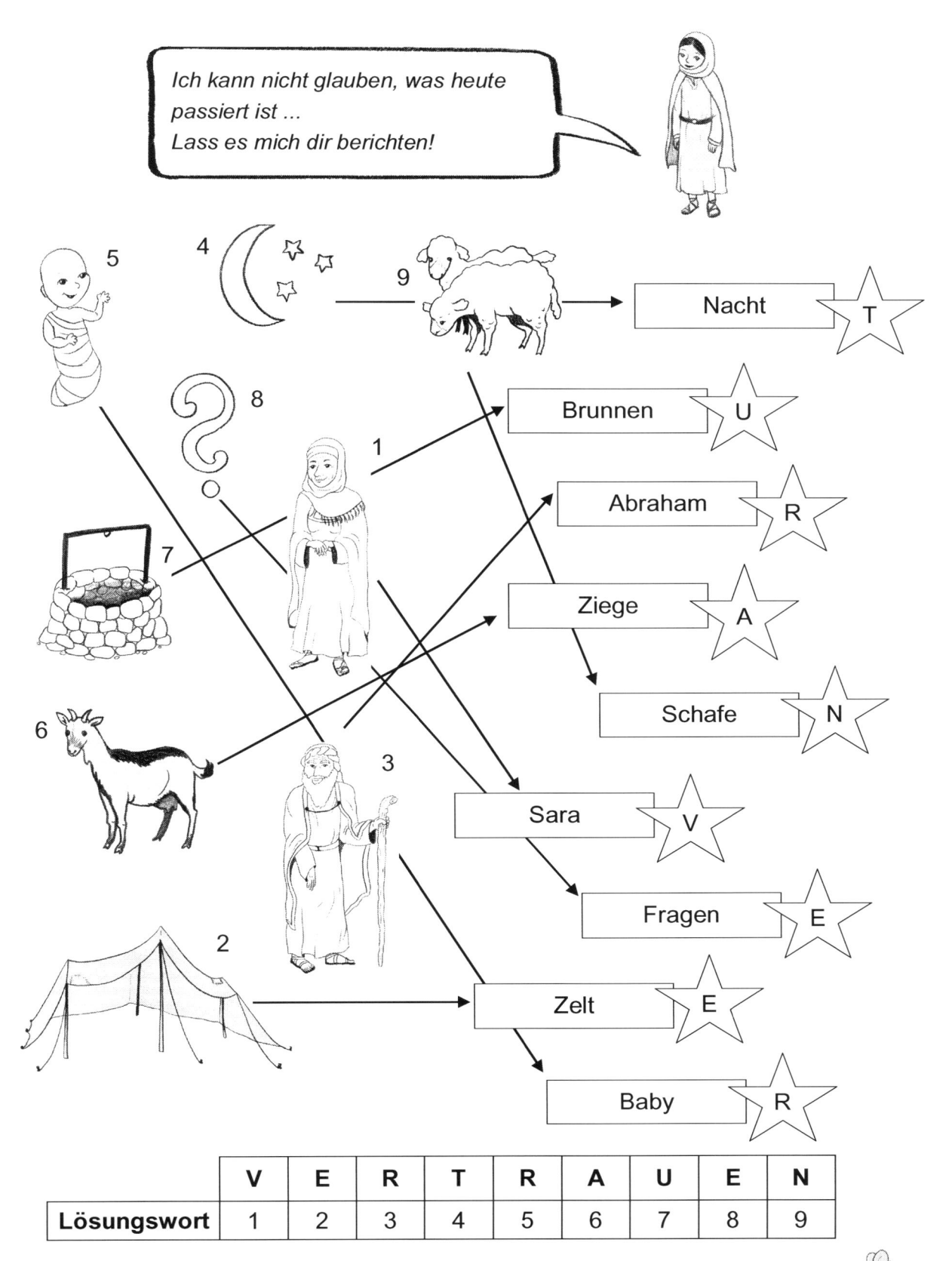

Ich kann nicht glauben, was heute passiert ist ...
Lass es mich dir berichten!

- Nacht — T
- Brunnen — U
- Abraham — R
- Ziege — A
- Schafe — N
- Sara — V
- Fragen — E
- Zelt — E
- Baby — R

	V	E	R	T	R	A	U	E	N
Lösungswort	1	2	3	4	5	6	7	8	9

Lösung Station 9 – Leas Reisetagebuch

Lea schreibt in ihr Tagebuch:

*Vor langer Zeit sind wir von **Ur** weggegangen. An manchen Tagen war die Reise sehr anstrengend. Zuerst hat uns Gott durch die Wüste über **Mari** nach **Haran** geführt. Von **Haran** aus zogen wir nach **Damaskus**. Da wir viele Tiere dabei hatten, kamen wir nur langsam voran. In **Damaskus** haben wir unsere Vorräte aufgefüllt und gingen weiter nach **Sichem**. Das erste Mal seit langer Zeit haben wir auf dieser Wegstrecke einen Fluss überquert. In **Sichem**, im Land **Kanaan**, sind wir geblieben. Abraham sagte:*

„Nun sind wir am Ziel. Gott hat uns in dieses Land geführt."

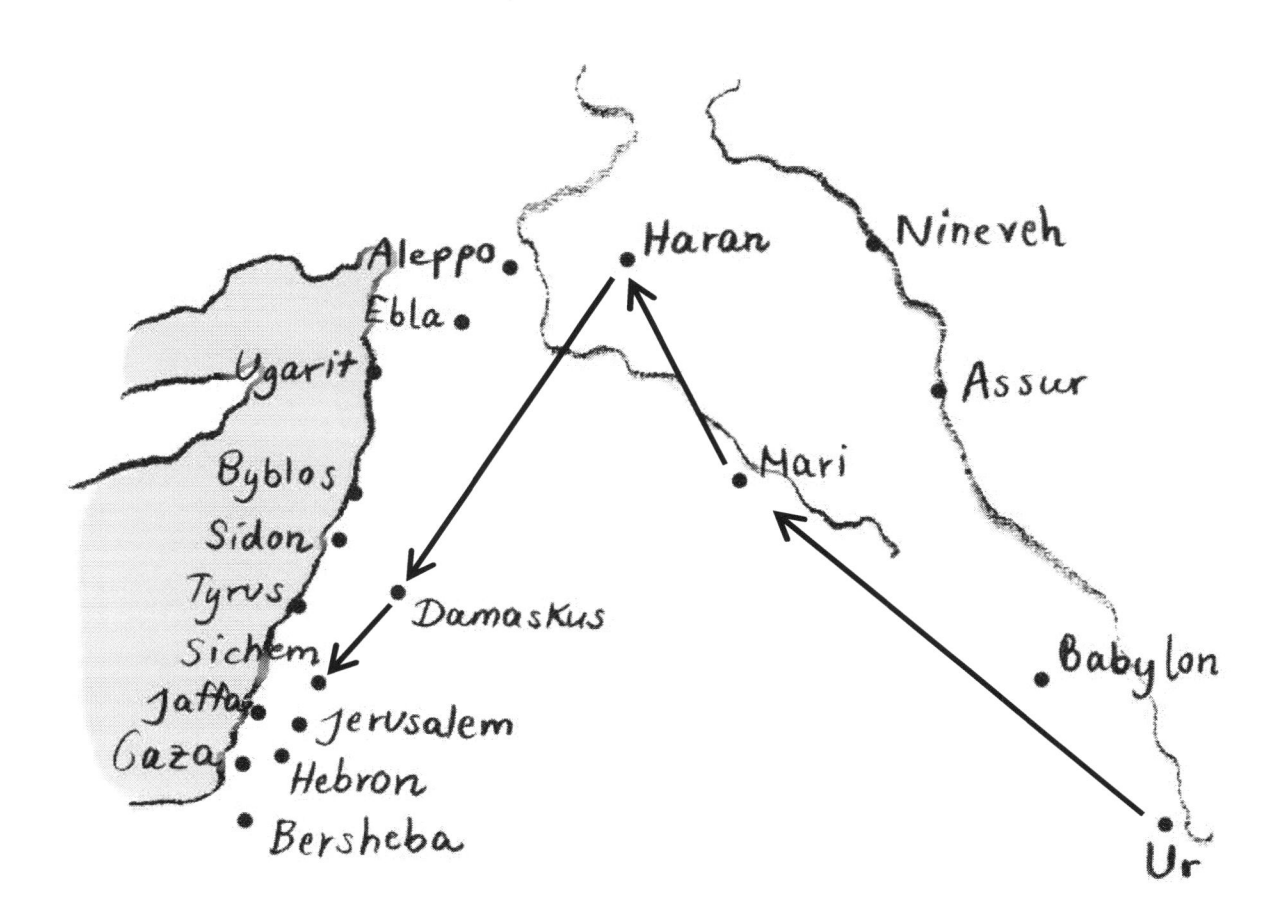

Lösung Station 11 – Streit unter den Hirten (Teil 2)

Abrahams Lösung in Geheimschrift

Tipp: 1= A, 2 = B, 3 = C ...

Abraham sagt zu Lot:

Wir müssen uns T R E N N E N

Lot, N I M M du einen Teil des

L A N D E S für deine

H E R D E N.

Lot wählt das Jordantal für seine Herden. Nenne den Grund.
Lot wählt das Jordantal, weil es dort mehr Wasser und bessere Weiden gibt.

Lösung Station 13 – Gott spricht erneut zu Abraham

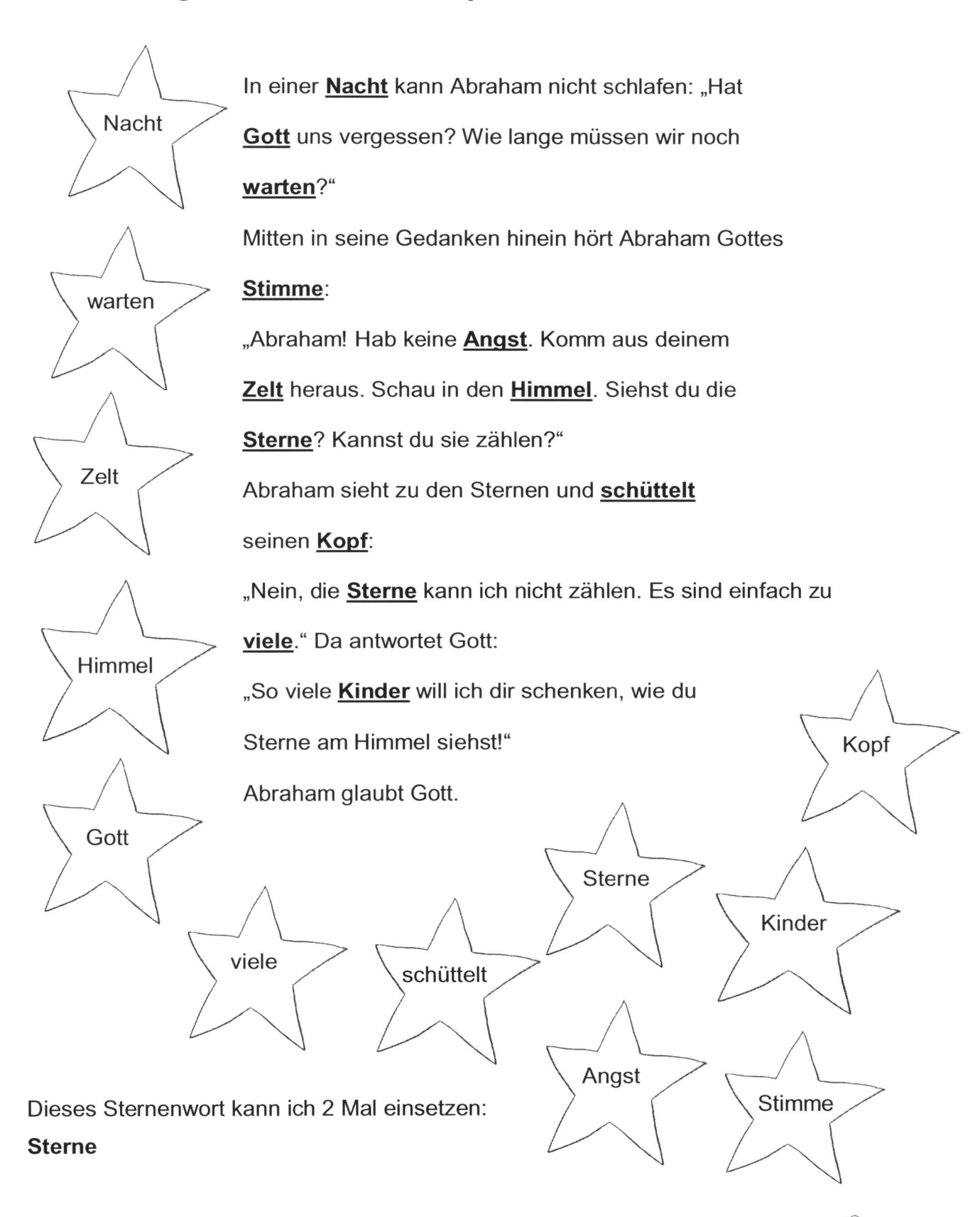

In einer **Nacht** kann Abraham nicht schlafen: „Hat **Gott** uns vergessen? Wie lange müssen wir noch **warten**?"

Mitten in seine Gedanken hinein hört Abraham Gottes **Stimme**:

„Abraham! Hab keine **Angst**. Komm aus deinem **Zelt** heraus. Schau in den **Himmel**. Siehst du die **Sterne**? Kannst du sie zählen?"

Abraham sieht zu den Sternen und **schüttelt** seinen **Kopf**:

„Nein, die **Sterne** kann ich nicht zählen. Es sind einfach zu **viele**." Da antwortet Gott:

„So viele **Kinder** will ich dir schenken, wie du Sterne am Himmel siehst!"

Abraham glaubt Gott.

Dieses Sternenwort kann ich 2 Mal einsetzen: **Sterne**

Lösung Station 16 – Gott erfüllt sein Versprechen

Sara ist schwanger! Meine ganze Familie freut sich! Wenn ich bei Sara bin, erzählt sie mir oft, wie sich das Baby in ihrem Bauch entwickelt. Das ist total spannend.

U

Das Baby ist jetzt etwa halb so groß, wie es bei der Geburt sein wird. Manchmal strampelt es so stark, dass man es durch Saras Bauch sehen kann. Sara freut sich sehr auf ihr Baby.

G

Am Anfang der Schwangerschaft ist Saras Bauch noch ganz flach. Sie ist sehr müde und muss sich ausruhen, damit sich das Baby in ihrem Bauch wohlfühlen kann. Manchmal ist ihr auch übel.

T

Jetzt kommt das Baby bald zur Welt. Es ist jetzt vollständig entwickelt und macht sich für die Geburt bereit.

E

Saras Bauch wird langsam runder. Ihr Baby wächst jetzt schnell. Das Herz von Saras Baby schlägt etwa 120 Mal in der Minute.

R

Saras Bauch ist schon richtig groß. Bei manchen Arbeiten gerät sie ziemlich aus der Puste. Manchmal fühlt es sich so an, als ob das Baby in Saras Bauch Purzelbäume machen würde.

B

Das Baby hat zu strampeln begonnen! Es kann jetzt spüren, wenn Sara sich über ihren Bauch streichelt. Ihren Bauch kann man nun deutlich sehen.

Das Lösungswort lautet G E B U R T.

Lösung Station 19 a – Namensdeutung

Sara und Abraham geben ihrem Sohn den Namen Isaak.
Isaak bedeutet „Gott lacht".

Abraham und Sara könnten „Isaak" als Namen gewählt haben, weil …
… Abraham Gott danken möchte, dass er ihnen einen Sohn geschenkt hat.

Der Name „Abraham" bedeutet …
… Vater einer großen Menge.

Der Name „Sara" bedeutet …
… Fürstin, Herrin oder Prinzessin.

Raphael   Anna-Lena   Amelie
Marcel   Jennifer   Leon

Mein Name ist _____
Er bedeutet _____

Lösung Station 20 – Gitterrätsel

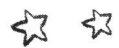

V	S	C	**G**	**E**	**B**	**U**	**R**	**T**	S	F	E	S	T	R
A	**H**	C	A	**N**	**A**	**C**	**H**	**K**	**O**	**M**	**M**	**E**	**N**	T
I	**I**	**S**	**A**	**A**	**K**	G	N	G	L	Y	D	Y	D	N
E	**R**	S	T	**R**	O	O	I	**S**	**A**	**R**	**A**	T	P	
Z	**T**	O	E	**U**	N	G	G	**E**	**V**	M	H	J	M	B
V	**E**	**R**	**T**	**R**	**A**	**U**	**E**	**N**	**E**	S	T	O	Y	F
A	N	N	C	D	**A**	Q	P	**G**	**R**	I	E	D	Q	Q
B	N	**F**	U	**E**	N	G	K	**E**	**S**	D	U	O	Y	B
R	U	**A**	K	G	U	M	T	**L**	**P**	J	D	W	L	V
A	Q	**M**	Z	U	V	M	W	Y	**R**	D	M	H	I	Q
H	Y	**I**	Y	D	T	D	J	D	**E**	H	E	R	F	G
A	L	**L**	P	P	P	M	A	L	**C**	C	A	F	Y	N
M	C	**I**	W	R	P	E	Z	F	**H**	C	**G**	**O**	**T**	**T**
S	Z	**E**	J	X	Q	O	D	C	**E**	E	T	S	R	U
D	U	V	I	S	I	L	P	Z	**N**	A	U	Z	F	W

Diese Wörter habe ich gefunden:

Geburt, Nachkommen, Hirte, Isaak, Kanaan, Sara, Vertrauen, Engel, Familie, Abraham, Versprechen, Gott